新能源汽车职业教育理实一体化系列教材

新能源汽车充电桩装配与调试

主　编　王　宁　韩佳丽
副主编　孙航雨　孙书峰　方作棋
　　　　史明月　刘　健
主　审　王国明
参　编　张　铭　徐　鹏　蔡学良
　　　　张　超　王福泰　徐　辉

北京理工大学出版社
BEIJING INSTITUTE OF TECHNOLOGY PRESS

内容简介

《新能源汽车充电桩装配与调试》是中等职业学校汽车专业系列教材之一。本书参考全国职业院校技能大赛新能源汽车检测与维修赛项内容及《汽车维修工国家职业技能标准》中汽车电气维修的相关要求、技能要求、相关知识要求和考核细目进行编写。本书内容包括新能源汽车充电系统简介、新能源汽车充电桩结构、充电桩各组成元件的工作原理及检修方法、电气电缆基本知识、充电桩总体装配、充电桩调试、充电桩检测等相关知识。依据现行的项目化教学模式，紧紧围绕山东省教育厅最新编写的课程大纲，参阅了大量相关资料的基础上编写而成。

《新能源汽车充电桩装配与调试》适合作为中等职业院校新能源汽车运用与维修、新能源汽车检测与维修、汽车运用与维修、汽车检测与维修、汽车制造与检测、新能源汽车制造与检测、汽车电子技术应用及其相关专业的教材，也可作为企业培训部门、职业技能鉴定培训机构、再就业培训机构的教材，还可供汽车后市场工程技术人员参考。

版权专有 侵权必究

图书在版编目（CIP）数据

新能源汽车充电桩装配与调试 / 王宁，韩佳丽主编
. -- 北京：北京理工大学出版社，2023.4
ISBN 978-7-5763-2366-5

Ⅰ.①新… Ⅱ.①王… ②韩… Ⅲ.①电动汽车 – 充电 – 服务设施 – 装配（机械）②电动汽车 – 充电 – 服务设施 – 调试方法 Ⅳ.①U469.72

中国国家版本馆 CIP 数据核字（2023）第 080567 号

出版发行 /	北京理工大学出版社有限责任公司
社　　址 /	北京市海淀区中关村南大街 5 号
邮　　编 /	100081
电　　话 /	（010）68914775（总编室）
	（010）82562903（教材售后服务热线）
	（010）68944723（其他图书服务热线）
网　　址 /	http://www.bitpress.com.cn
经　　销 /	全国各地新华书店
印　　刷 /	定州市新华印刷有限公司
开　　本 /	889 毫米 × 1194 毫米　1/16
印　　张 /	10.25
字　　数 /	199 千字
版　　次 /	2023 年 4 月第 1 版　2023 年 4 月第 1 次印刷
定　　价 /	39.00 元

责任编辑 / 陈莉华
文案编辑 / 陈莉华
责任校对 / 刘亚男
责任印制 / 边心超

图书出现印装质量问题，请拨打售后服务热线，本社负责调换

前言

一、编写背景

本教材全面贯彻落实党的二十大精神，基于当前中职汽修专业学生实际情况进行策划编写，参照中职新能源汽车检测与维修赛项之一进行内容补充和完善，形成可实施教学过程。

二十大报告指出，绿色发展战略升级，同时首次提出积极稳妥推进碳达峰碳中和目标。绿色发展所要求的产业结构、能源结构、交通运输结构等调整优化，节能降碳先进技术研发和推广应用；双碳目标中要控制的化石能源消耗、交通的清洁低碳转型，都需要新能源汽车及其连带产业来实现。党的二十大报告将高质量发展明确为全面建设社会主义现代化国家的首要任务，并且积极主动推动高质量发展。高质量发展不仅包括经济，也包括政治、社会、文化、生态文明等领域。新能源汽车能够满足新时代绿色化、低碳化、安全化、高端化、智能化，并以在全球绝对领先的优势，助力"一带一路"建设。

本教材基于当前能够实施的中职新能源专业充电桩，为中职学生补足理论、锻炼技能、形成能力。通过本课程的学习，理解充电桩基本电气原理并与汽车电气相结合，为汽修专业学生后期学习汽车电气、充电桩装配、安装和新能源汽车等专业核心课打好专业基础。由于本教材内容是电气和汽车两个专业的综合，为保障本教材电气方面的知识的严谨性和科学性，特聘请青岛电子学校电子专业正高级讲师王国明老师担任本教材的主审。

补基础：基于中职学生的特点，在零基础的前提下，通过对充电桩各零部件进行原理学习分析、检修方法培训、电路连接实训，帮助学生"看得见、学得会、用得上"充电桩内部各零部件，实现电学基础的补齐和提升。

通理论：在每个任务中，将每个电气元件进行理论讲解和标准补充，按照电气国标要求，将充电桩装配与调试中需要应用的电学理论知识进行实验或验证，通过学生自己动手将复杂难懂的理论知识进行落地实施，在实验过程中学习各种检测仪表的使用、读数及分析，为新能源专业核心课程学习做好铺垫。

会应用：将部件原理及电路图进行简化，每个零部件单独列出并设计相关电路，学生通过动手搭建原理电路以及使用各种仪表对相关的参数进行测量，可帮助学生将学习过的原理知识直接与汽车相关联，降低学生将知识向技能转换的难度。

二、主要内容

本教材是将传统的"电工电子""汽车电气""新能源汽车高压安全防护"等以及常见新能源仪表使用等课程内容根据充电桩装配维修行业特点及需求整合而成，突出专业知识的实用性与综合性。基本理论以服务汽车维修为目的，以"必需、够用"为度，以讲清概念、强化应用为重点，注重实践性、启发性和科学性，注重对学生操作能力、创新能力和创造能力的培养。本教材中合理融入课程思政和劳动教育内容，既注重专业能力培养，又加强思想道德培育。

本教材采用项目化教学模式，项目依据学习进程特点，按照结构、组成、元件原理及检测安装、装配、调试、检验等任务设计，学生通过完成相关任务来实现理论知识向技能转化的目的，进而通过任务实施实现知识拓展。

三、本教材特点

"新能源汽车充电桩装配与调试"作为新能源汽车检测与维修专业的核心专业课，课程内容根据汽车专业学生学情特点，将电气知识按照任务内容进行分解，降低学习难度。另外，分解后的任务模块，基于多个地区对专业教学中的问题分析，认为"补齐基础、帮助应用、提升兴趣"比较符合汽修专业学生实际情况，知识应本着"能用、会用、够用"为原则进行设计。

（1）坚持全面育人理念。编写人员根据二十大报告提出的"全面贯彻党的教育方针，落实立德树人根本任务，培养德智体美劳全面发展的社会主义建设者和接班人""在全社会弘扬劳动精神、奋斗精神、奉献精神、创造精神、勤俭节约精神，培育时代新风新貌"深入挖掘课程思政元素，在激发学生学习兴趣的同时也培养了爱国情怀。

（2）电工知识与汽车相结合。将电工知识与汽车电路相结合来设计任务内容，帮助学生理解"为什么要学、学了如何用"的问题。通过将电工知识与实际充电桩装配检修联系在一起，真正做到"知识应用"。

（3）任务来源于实际。所有的任务都是基于充电桩中各元件在电路中的作用出发进行电路原理性引用，通过自己动手搭建的电路来验证或演示原理性知识，降低学习难度的同时明确学习目标，实现做中学的效果。

（4）任务中穿插仪表量具的使用。在电路搭建前，学习使用仪表检测元器件；搭建过程中，学习使用仪表确定电路的连接；搭建完成后，通过设置小故障来学习使用仪表对电路的检测。将复杂难懂的仪表量具使用操作融合在任务的各个步骤中，让学生对仪表量具"会用、能用"，实现做中教的效果。

（5）单次实验结果反馈。每一个模块的拆装、检测及实验完毕后，都在原充电桩上通过模拟负载进行实验，通过每一个任务的实施帮助学生理解充电桩的维修、装配要点。

四、教学建议

本教材使用过程中，应配套教学版充电桩，配备标准建议4~6人/套。本教材主要适用于汽车维修、汽车电工、汽车检测与维修、汽车运用与维修等专业三年制和四年制学生的教学，参考学时数为72~144，每个任务可以分成"分析、原理、检测、搭建、验证、诊断、安装"几个步骤。如果学时为72学时，可以减少部分任务中的诊断环节，将诊断部分作为学生兴趣小组活动内容。

五、编写团队

本教材由王宁（青岛市城阳区职业中等专业学校）、韩佳丽（青岛高新职业学校）担任主编，孙航雨（宁波市鄞州职业高级中学）、孙书峰（佛山市顺德区均安职业技术学校）、方作棋（宁波市鄞州职业高级中学）、史明月（临沂市工业学校学校）、刘健（临沂市工业学校学校）担任副主编，深圳风向标教育资源股份有限公司张铭、青岛欧盛船舶与海洋工程有限公司徐鹏、行云新能科技（深圳）有限公司蔡学良、青岛市城阳区职业中等专业学校张超参与编写，王福泰（青岛信宝行宝马汽车销售服务有限公司技术经理）、徐辉（台儿庄职业中专正高级讲师）对本教材提供了很多编写建议。本教材由王宁负责全书的编写、统稿、定稿工作，由青岛电子学校王国明老师担任主审。

本教材在编写过程中，得到了深圳风向标教育资源股份有限公司、行云新能科技（深圳）有限公司提供的大量技术支持，内容也参阅了大量国内外的同类优秀教材，在此特向有关作者表示衷心感谢！由于编者水平有限，本教材中出现不妥、疏漏之处在所难免，敬请使用本教材的师生和广大读者批评指正。

目录

任务一　新能源汽车充电系统结构认知 ……………………………………… 1

任务二　电的基础知识 ……………………………………………………… 15

任务三　新能源汽车充电桩结构认知 ……………………………………… 26

任务四　空气开关的原理、安装与检测 …………………………………… 36

任务五　漏电保护器的原理、安装与检测 ………………………………… 44

任务六　浪涌保护器的原理、安装与检测 ………………………………… 54

任务七　交流接触器的原理、安装与检测 ………………………………… 61

任务八　电能表的原理、安装与检测 ……………………………………… 70

任务九　急停开关的原理、安装与检测 …………………………………… 79

任务十　门禁开关的原理、安装与检测 …………………………………… 89

任务十一　充电枪的原理、安装与检测 …………………………………… 97

任务十二　充电桩的装配 …………………………………………………… 109

任务十三　充电桩的线路连接检查 ………………………………………… 140

任务十四　充电桩的调试与设置 …………………………………………… 144

参考文献 ……………………………………………………………………… 154

任务一
新能源汽车充电系统结构认知

任务描述

一台吉利 EV450 纯电动汽车,在家中使用便携式充电设备时无法充电,但使用社会集中充电桩设备充电时正常,客户怀疑是便携式充电设备故障,故要求索赔。作为维修人员,应该如何解决这个问题呢?

任务分析

纯电动汽车可通过动力电池充电或动力电池更换两种方式来增加车辆的行驶里程,本车为充电式纯电动汽车。纯电动汽车为适应不同的充电条件,提升用车效率,通常会设计两套充电系统。一套是交流慢充系统,使用普通的家用 220 V(或 380 V)交流电源充电,充电时间较长;另一套是直流快充,使用符合国标的直流充电桩直接给车辆动力电池充电,充电时间较短。上述故障我们通过任务描述可知,车辆交流慢充无法充电,但直流快充正常。所以可判断车辆交流慢充系统出现故障。

任务目标

(1)能够认知新能源汽车交、直流充电系统的基本结构。
(2)能够描述新能源汽车交、直流充电系统的区别。
(3)能够使用便携式充电设备为纯电动汽车进行交流充电。
(4)在整个学习过程中培养学生团队合作意识和精益求精的工匠精神。

学习条件

具备以下设备、设施及理论知识：

（1）纯电动汽车、便携式充电机。

（2）一体化教室（配备 220 V/16 A 和 220 V/10 A 插座）。

（3）吉利 EV450 整车、多媒体教学系统、绝缘工具组合、工具车、个人安全防护用品、安全警示标识、维修手册、培训手册、教学视频、课件。

（4）基本理论知识。

注意事项

（1）严禁非专业人员对高压部件进行移除及安装。

（2）未经过高压安全培训的维修人员，不允许对高压部件进行拆装及维护。

（3）车辆在充电过程中不允许对高压部件进行移除、维护等工作。

（4）对高压部件进行作业前，必须确认车辆钥匙处于 OFF 挡位，并将 12 V 辅助蓄电池断开。

（5）高压部件插头断开后，应使用验电设备进行验电，确认连接器上无电后才可以进行下一步的操作。

相关知识

新能源汽车的充电系统主要包括交流充电（慢速）系统和直流充电（快速）系统，交流充电设备一般使用随车配备的便携式充电枪或者充电桩，直流充电则只能使用直流充电桩。吉利 EV450 电动汽车随车配备便携式充电设备，可连接 10 A 家用三脚插座供电，通过车辆交流充电系统进行充电。另外，也可以自购大功率充电桩使用，以提升充电速度。吉利随车配备的便携式充电枪与充电桩如图 1-1 所示。

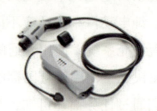

图 1-1 便携式充电枪与充电桩

一、交流充电（慢速）系统

交流充电（慢速）系统的供电采用 220 V（或 380 V）交流插座或交流充电桩，通过充电枪与车辆连接为动力蓄电池进行充电。充电系统将交流电进行升压整流，变成高压直流电，为车辆动力电池进行电能补充。系统主要由供电设备（交流充电桩或便携式充电枪）、车载充电机、交流充电接口、高压线束、低压控制线束、高压控制盒、动力电池、整车控制器(VCU)等部件组成,交流充电系统构成如图1-2所示。

图1-2 交流充电系统构成

1—车载充电机(如配备);2—驱动电机控制器;3—交流充电接口;
4—直流充电接口;5—交流充电接口应急解锁

1. 交流充电桩

交流充电桩如图1-3所示,在国标中属于充电模式3。充电枪为充电桩的一个组成部分,是固定连接的。交流充电桩根据电压不同,有单相220 V和三相380 V两种,无论哪种形式电压的充电桩,其交流充电枪的接口均为七个插孔,380 V充电桩七个插孔全部使用,220 V充电枪只用其中五个插孔。使用哪种电压的充电桩由车辆决定,不能互换,而部分车辆设计为220 V和380 V两种充电枪均可使用。由于普通家庭不具备380 V电源,故常见的电动轿车随车充电枪多设计采用家庭使用220 V/50 Hz的交流电作为电源,内部带有防雷器、浪涌保护器、接触器、电能表及人机控制装置等组成部分。三相380 V充电桩为部分轿车或大型车辆使用,多用于专用充电站使用。

图1-3 交流充电桩

交流充电桩安装方式可分为立柱式(见图1-4)和壁挂式(见图1-5)两种。立柱式安装地点灵活,壁挂式则节约空间,两种形式充电桩的内部结构基本一致。其特点是充电功率较小,电池充电时间较长。通过充电桩控制系统预设或与充电桩联网的手机APP设置,可充分利用峰谷电中的谷电(22:00—次日8:00)时段充电,这样不但提升国家电力资源优化配置,而且谷电的价格优势,也极大地降低了车辆使用成本。

图 1-4 立柱式交流充电桩

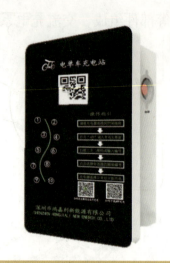

图 1-5 壁挂式交流充电桩

2. 便携式充电器

便携式充电器属于国标中的充电模式2，其由配套的 10 A（输出电流小于 8 A）或 16 A（输出电流小于 13 A）三脚插头与电网连接，在插头与充电枪间带有缆上控制功能盒。具体选用 10 A 或 16 A 三脚插头，与便携式充电枪的功率有关，吉利轿车配套的便携式充电枪（见图 1-6）为 10 A 标准插头。

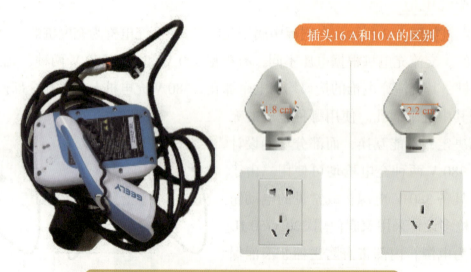

图 1-6 吉利轿车配套的便携式充电枪及配套插座

3. 交流充电接口

交流充电接口为国家标准的七孔插座，针对交流充电接口的外形尺寸和各针脚的作用国标做了统一规定，以便于不同厂家的车辆与充电桩很好地连接使用。国标充电插座和充电枪各端子对应含义如图 1-7 所示。

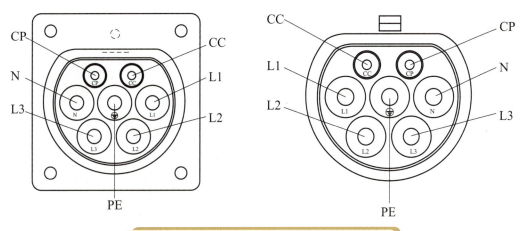

图1-7 交流充电接口及充电枪端子图

插口中，L1为火线，在单相220 V充电桩中，该端子接220 V交流电的火线；N端子接220 V零线。在380 V充电桩中，L1、L2、L3分别接三相四线制的三根电火线，N端子接三相四线制中的零线。七个插孔中，PE端子最长，L1、L2、L3和N端子其次，CC和CP端子最短。

二、直流充电（快充）系统

直流充电（快充）系统属于充电模式4，该充电系统由直流充电桩、快充接口、高压直流母线、动力电池、电池管理系统BMS等组成。直流充电接口能接收直流充电桩的电能，并通过高压线束将电能直接输送给动力电池总成为其充电。直流充电（快充）系统的原理框图如图1-8所示。

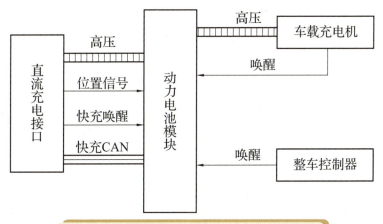

图1-8 直流充电（快充）系统的原理框图

1. 直流充电桩的充电枪

直流充电桩的充电枪用于直流充电桩与电动汽车直流快充充电口的物理连接，完成充电和控制引导的功能。

2. 直流充电接口

直流充电桩与电动汽车的充电接口功能定义执行国家标准 GB/T 20234.3—2015《电动汽车传导充电用连接装置第 3 部分：直流充电接口》的规定。吉利 EV450 的直流充电接口位于车辆后部翼子板中间位置（传统燃油车油箱盖位置），如图 1-9 所示。

直流充电接口为九孔国标充电口，如图 1-10 所示，充电口各个端子的作用如表 1-1 所示。

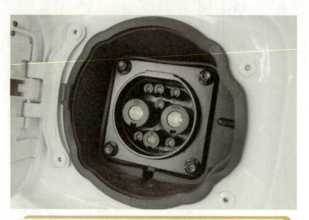

图 1-9　吉利 EV450 的直流充电接口

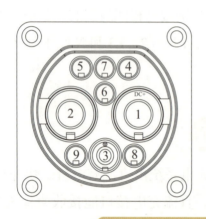 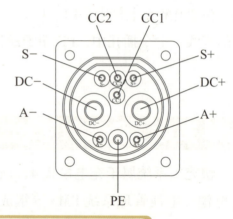

图 1-10　九孔国标充电口

表 1-1　直流充电座端子布置图及接口定义

触头编号/标识	额定电压和额定电流	功能定义
1—（DC+）	750 V/1 000 V　80 A/125 A/200 A/250 A	直流电源正，连接直流电源正极与电池正极
2—（DC-）	750 V/1 000 V　80 A/125 A/200 A/250 A	直流电源负，连接直流电源负极与电池负极
3—（⏚）	—	保护接地（PE），连接供电设备地线和车辆电平台
4—（S+）	0~30 V、2 A	充电通信 CAN_H，连接非车载充电机与电动汽车的通信线
5—（S-）	0~30 V、2 A	充电通信 CAN_L，连接非车载充电机与电动汽车的通信线
6—（CC1）	0~30 V、2 A	充电连接确认
7—（CC2）	0~30 V、2 A	充电连接确认

续表

触头编号/标识	额定电压和额定电流	功能定义
8—（A+）	0~30 V、2 A	低压辅助电源正，连接非车载充电机为电动汽车提供的低压辅助电源
9—（A-）	0~30 V、2 A	低压辅助电源负，连接非车载充电机为电动汽车提供的低压辅助电源

三、制动能量回馈控制系统

制动能量回馈控制在滑行制动和刹车制动过程中，整车控制器（VCU）根据加速踏板和制动踏板开度、车辆行驶状态信息以及动力电池的状态信息（如SOC值）来判断某一时刻能否进行制动能量回馈，在满足安全性能、制动性能以及驾驶员舒适性的前提下，回收部分能量；它包括滑行制动和刹车制动过程中的电机制动转矩控制。制动能量回收示意图如图1-11所示。

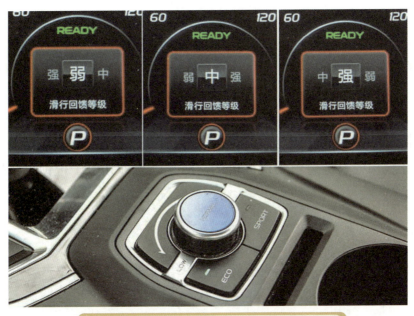

图1-11 制动能量回收示意图

吉利帝豪新能源EV450共有"LOW"（低）、"HIGH"（高）、"NORMAL"（普通）三个回收模式。"LOW""NORMAL"两种模式下的驾驶感受和汽油车型没有太多的区别。当模式调整为"HIGH"之后，驾驶变为单踏板操作逻辑，即非加速即刹车。吉利帝豪新能源EV450回收模式开关如图1-12所示。

图1-12 吉利帝豪新能源EV450回收模式开关

两种驾驶模式加上三挡能量回收，一共有"2×3"种不同的模式。低能量回收状态下，松油门时车辆的滑行与常规的汽油车相近；普通模式状态下，抬起油门时踏板有轻微的制动效果，最高挡回收的制动较强，堵车时几乎用不着刹车即可轻松跟随前车。

根据加速踏板和制动踏板信号，制动能量回收可以简单地分为两个阶段。第一个阶段，在车辆行驶过程中驾驶员松开加速踏板但没有踩下制动踏板；第二个阶段，驾驶员踩下制动踏板。

制动能量回馈的工作介入原则为：

（1）能量回收制动不应该干预ABS的工作。

（2）当ABS进行制动力调节时，制动能量回收不应该工作。

（3）当ABS报警时，制动能量回收不应该工作。

（4）当电驱动系统具有故障时，制动能量回收不应该工作。

拓展知识

一、新能源汽车（电动汽车）对充电系统的基本要求

1. 安全性

具有可靠的防雷、防浪涌、漏电检测、枪锁等功能，保障人员的人身安全和动力电池的安全。充电枪锁止机构应有应急解锁机械机构，防止因冰冻和电子枪锁机械故障导致车辆无法行驶。

2. 易用性

具有较高的智能控制系统，操作人员经过简单培训即可独立操作。

3. 兼容性

其控制系统的策略和标准符合国标，能兼容不同厂家的国标充电设备，扩大车辆的行驶范围。

4. 经济性

价格低廉、性能优异。能根据峰谷电进行合理配置优化，降低用电成本，提升电力资源优化配置。

5. 高效性

针对快速充电能力要求高效率，在尽可能短的时间进行快速电量补充。

6. 低污染性

采用可回收材料，提升充电系统的废旧设备可再利用的效率，降低社会污染。

二、新能源汽车（电动汽车）充电模式

按照国标 GB/T 18487.1—2015《电动汽车传导充电系统第一部分：通用要求》规定，将连接电动汽车到电网（电源）给电动汽车供电的方法定义为充电模式，国标规定的充电模式有四种：

（1）将电动汽车连接到交流电网（电源）时，在电源侧使用了符合 GB 2099.1 和 GB 1002 要求的插头插座，在电源侧使用了相线、中性线和接地保护的导体。

（2）将电动汽车连接到交流电网（电源）时，在电源侧使用了符合 GB 2099.1 和 GB 1002 要求的插头插座，在电源侧使用了相线、中性线和接地保护的导体，并且在充电连接时使用了缆上控制与保护装置（IC-CPD）。

（3）将电动汽车连接到交流电网（电源）时，使用了专用供电设备，将电动汽车与交流电网直接连接，并且在专用供电设备上安装了控制导引装置。

（4）将电动汽车连接到交流电网或直流电网时，使用了带控制导引功能的直流供电设备。

三、新能源汽车（电动汽车）充电连接方式

将使用电缆和连接器将电动汽车接入电网（电源）的方法定义为连接方式，国标规定的连接方式有 A、B、C 三种。

（1）连接方式 A：将电动汽车和交流电网连接时，使用和电动汽车永久连接在一起的充电电缆和供电插头，如图 1-13 所示。

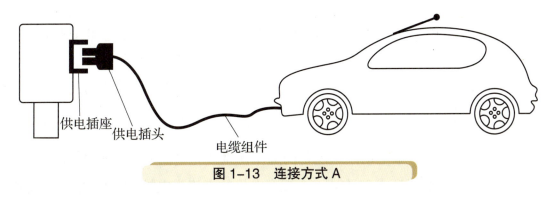

图 1-13　连接方式 A

（2）连接方式 B：将电动汽车和交流电网连接时，使用带有车辆插头和供电插头的独立的活动电缆组件，如图 1-14 所示。

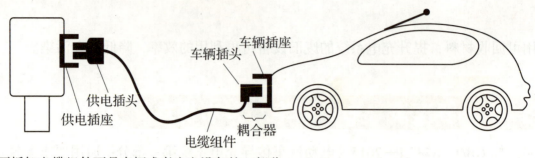

注：可拆卸电缆组件不是车辆或者充电设备的一部分。

图 1-14　连接方式 B

（3）连接方式 C：将电动汽车和交流电网连接时，使用了和供电设备永久连接在一起的充电电缆和车辆插头，如图 1-15 所示。

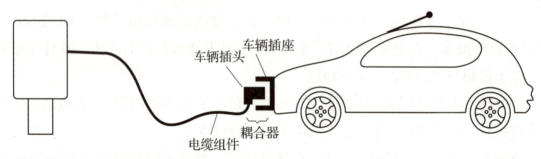

注：电缆组件是充电设备的一部分。

图 1-15　连接方式 C

设备或组合式设备，以充电为目的提供专用功能将电能补充给电动汽车，满足本部分规定的充电模式和连接方式：

对于模式 1/ 方式 B，供电设备由电缆组件组成（电缆与供电设备和车辆之间均可分离）；

对于模式 2/ 方式 B，供电设备由带有功能盒的电缆组件组成（功能盒属于电缆组件的一部分）；

对于模式 3/ 方式 C，供电设备由充电设备组成（充电电缆与供电设备一体——带充电电缆的充电桩）；

对于模式 3/ 方式 B，供电设备由充电设备和电缆组件组成（充电电缆与供电设备可分离）；

对于模式 4/ 方式 C，供电设备由充电设备组成（带充电电缆的充电桩）。

注：本定义不包括电动汽车。

根据上面国标定义，一般电动汽车配备的随车便携式充电器采用模式 2/ 方式 B；壁挂式带充电枪的交流充电桩采用模式 3/ 方式 C；带充电枪的直流充电桩采用模式 4/ 方式 C。

实训步骤

一、观察车辆信息

观察车辆整车信息，并填写表1-2。

表1-2 车辆信息表

作业任务	作业内容
整车型号	
工作电压	
便携式充电设备类型	□便携式充电器　□壁挂式交流充电桩　□立式充电桩
便携式充电设备功率	
充电设备电源插头	□ 10 A　□ 16 A　□固定接入　□三脚插座
交流充电口孔数	
直流充电口孔数	
车辆能力回收模式	

二、现场感受任务描述中的故障现象

为车辆设置相应故障，学员操作后观察故障现象。

（1）打开车辆充电口盖板，如图1-16所示。

图1-16 打开车辆充电口盖板

注：车辆充电口解锁拉手通常在驾驶室驾驶员侧，上有标识与舱盖拉手予以识别。

（2）打开充电口防尘盖，如图1-17所示。

图1-17　打开充电口防尘盖

注： 打开充电口盖后，充电口照明指示灯会点亮，用于照明。

（3）取出车辆充电器，如图1-18所示。

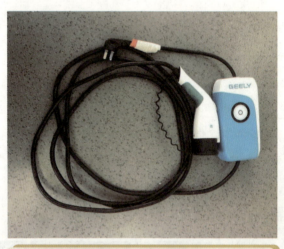

图1-18　车辆充电器

（4）观察充电器电源接口类型及充电枪接口各触点有无烧蚀，如图1-19所示。

图1-19　观察充电器电源接口类型及充电枪接口

（5）连接充电枪至车辆，如图1-20所示。

（6）接通充电器电源输入，如图1-21所示。

图1-20 连接充电枪至车辆

图1-21 接通充电器电源输入

（7）观察车辆充电指示装置显示，如图1-22所示。

图1-22 观察车辆充电指示装置显示

（8）完成上述步骤后，填写表1-3。

表1-3 作业记录表

作业内容	显示内容可以用文字描述，也可以画出相应符号
打开充电插座盖，指示灯显示情况	
不同颜色的指示灯的含义	
插入充电枪，仪表显示情况	
连接电源，充电器显示情况	
充电器显示故障的含义	
测CC与CP间电阻（未按解锁键）	
测CC与CP间电阻（按下解锁键）	
充电枪的功率	

提示：CC与CP端子之间的电阻可表示充电枪的功率，其对应关系为：1.5 kΩ↔10 A；680 Ω↔16 A；220 Ω↔32 A；100 Ω↔63 A。

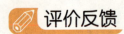

评价反馈

完成以下习题：

1. 纯电动汽车交流充电系统充电时，参与工作的控制单元有（　　）。
   A. 整车控制模块 VCU　　　　　　B. 车载充电机 OBC
   C. 电池管理系统 BMS　　　　　　D. 电机控制器 PEU

2. 吉利轿车配备的便携式充电设备，属于国标的（　　）充电设备。
   A. 充电模式 1　　　　　　　　　B. 充电模式 2
   C. 充电模式 3　　　　　　　　　D. 充电模式 4

3. 吉利轿车配备的便携式充电设备，属于国标的（　　）充电设备。
   A. 连接方式 1　　　　　　　　　B. 连接方式 2
   C. 连接方式 3　　　　　　　　　D. 连接方式 4

任务二

电的基础知识

📝 任务描述

客户需要安装一台充电桩，进入现场后发现，客户申请的充电桩电表以及线路布置是三相四线制电线，而客户充电桩是 220 V 单相充电桩，作为安装人员，你应该如何解决这个问题？

📝 任务分析

通常家庭使用入户线为单相 220 V 或者 380 V 交流电，220 V 交流入户通常为双线制，即火线和零线；而 380 V 入户线则为四线制，即三根火线、一根零线。申请充电桩时，通常需要报备所需充电桩的功率，供电公司会根据充电桩功率进行核算，设计相应的供电电表箱。在 380 V 三相四线制中，每两根火线之间的电压为 380 V，称为线电压；而每根火线与零线（中性线）之间的电压为 220 V，称为相电压，通常线电压为相电压的 1.73 倍。

📝 任务目标

（1）能够掌握单相电与三相电的特点。
（2）能够描述交流电与直流电的区别。
（3）能够确定充电桩的输入电源性质。

学习条件

具备以下设备、设施及理论知识：

（1）带有配电箱（内置220 V与380 V电源）。

（2）一体化教室。

（3）220 V交流充电桩、配电箱、多媒体教学系统、个人安全防护用品、安全警示标识、培训手册、教学视频、课件。

（4）基本理论知识。

注意事项

（1）严禁非专业人员对高压部件（橙色线束连接器件）进行移除及安装。

（2）未经过高压安全培训的维修人员，不允许接触交流电。

（3）所有220 V插座，应该先连接插座后再接通上游空气开关。

（4）对充电桩内部进行教学作业时，务必检查空气开关，要求其处于断开状态并上锁。

相关知识

充电桩按照其使用电流的形式分为交流充电桩和直流充电桩两种，通常情况下，交流充电桩输入为220 V或380 V交流电；220 V交流充电桩入线为三根，分别是零线（N）、火线（L）和接地线（PE）；380 V充电桩为四根或五根，分别是三根火线（L）、一根接地线（PE）和一根零线（N），其中三相四线制为三根火线、一根零线，说明充电桩内部部分设备需要220 V电源。

一、单相电与三相电

1. 单相电

单相电（Single-phase electric power）是指一根相线（俗称火线）和一根零线构成的电能输送形式，必要时会有第三根线（接地线），用来防止触电。常见家用电电压为220 V/50 Hz。其中220 V是我国居民最常用的标准电压的有效值（我们常用的各种家用电器上所标注的电压值220 V即为有效值），50 Hz是其频率。我国交流电频率为50 Hz、欧美国家为60 Hz、非洲国家为40 Hz。

单相电为日常家用电，由一根火线和一根零线组成，两根线之间的电压为220 V。**电路中为方便电路施工和检修，通常火线的颜色为红色、零线为蓝色、接地线为黄绿色。**家用灯、插座、电冰箱、洗衣机、热水器等，基本为单相电。在插座电路中，会在中间孔位上设置接地线，用于家用设备的壳体接地保护。其基本电路结构如图2-1所示。

图 2-1　基本家用电路结构组成

充电桩与家用电网连接时，只适合 220 V 充电桩。电网连接充电桩时，可以采用插座连接或者直接连接两种方式，通常功率小于 3.5 kW 以下时，可采用插座的方式连接充电桩；当功率较大时，则必须采用直接连接的方式。两种连接方式如图 2-2 所示。

图 2-2　220 V 充电桩电网连接形式

如果采用插座连接，使用 10 A（2 kW 以下充电设备）或 16 A（3.5 kW 以下充电设备）国标三脚插座，插座中间孔位必须接地。10 A 与 16 A 国标插座尺寸如图 2-3 所示。

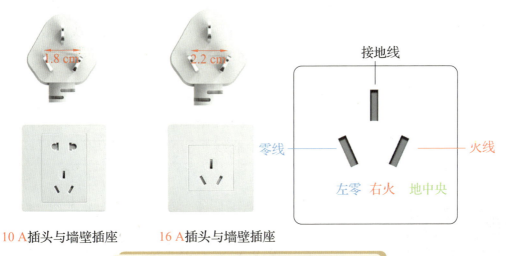

10 A 插头与墙壁插座　　16 A 插头与墙壁插座

图 2-3　10 A 与 16 A 国标插座对比

2. 三相电

我国发电厂和电力网生产、输送和分配的交流电都是三相交流电。把三个大小相等、频率相同、初相位相差120°的交流电合在一起就组成一个三相交流电。三相交流电的用途很多，汽修车间内的配电箱大多会配备三相交流电，用于空气压缩机、烤漆房、扒胎机等的供电。

在日常生活中使用的单相电源，俗称照明电。用照明电供电时，使用三相电其中的一相给用电设备供电（L线——火线），零线为三相四线制中的第四根线，也就是其中的零线，该零线从三相电的中性点引出。三相电与单相电的电路连接关系如图2-4所示。

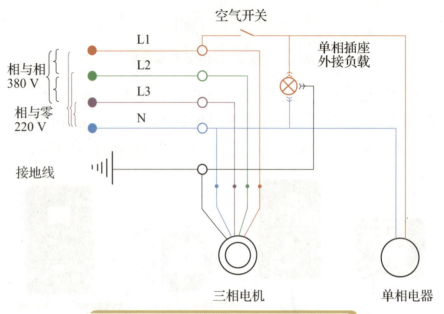

图2-4　三相电与单相电的电路连接关系

当前，大功率充电桩（大于7.5 kW）通常会用三相电供电，尤其一些直流充电桩，大多数使用的是三相电供电。使用三相电供电的充电桩，通常需要五根线，即三根火线、一根零线和一根接地线（PE）。三相线中，**为便于施工和检修，国标规定相线的电线颜色为以下形式：A相为黄色，B相为绿色，C相为红色，零线用蓝色，接地线用黄绿色。**几种常见的叫法中，A、B、C与L1、L2、L3和U、V、W三种顺序一样。电动机接线一般为U、V、W。

常见三相五线制充电桩接线示意图如图2-5所示。

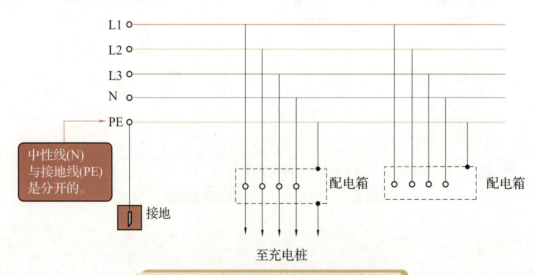

图2-5　三相五线制充电桩接线示意图

二、各种电量及其关系

充电桩维修过程中，经常使用的电量有功耗、功率、电流、电压、频率等。其中，除频率为固定 50 Hz 外，其他值随用电环境不同而有所变化，各种电量的定义、单位及相互之间的关系如下。

功率（P）单位：瓦特，简称瓦（W）。电功率是单位时间内电流所做的功，在车辆充电桩中，功率通常用千瓦（kW）表示，1 kW=1 000 W。

耗电量单位：千瓦·小时（kW·h），简称"度"，1 kW·h=1 度。1 kW 的充电桩，其 1 h 的耗电量为 1 度电。

电流（I）单位：安培，简称安（A）。充电桩的额定电流是我们选择充电桩电源线路导线尺寸的主要依据之一。通过的电流越大，所需导线截面积就越大（直径越大，线材越粗）。

电压（U）单位：伏特，简称伏（V）。家用单相交流电的电压为 220 V；工业用电源三相交流电的电压为 380 V。

频率（f）单位：赫兹（Hz）。我国国标规定，无论是家用单相 220 V 交流电还是工业用三相 380 V 交流电，其频率均为 50 Hz。

$$功率 = 电流 \times 电压，即 P = U \times I$$

如果单相 220 V 充电桩的功率是 4.4 kW，那么流过它的电流就是 4 400÷220 = 20 A。

$$耗电量 = 功率 \times 用电时间，即 W = P \times t$$

耗电量的单位是度，1 度电 是指 1 000 W 的用电器使用 1 h 所消耗的电量。

三、导线的种类及选用

1. 导线的组成

导线是用于传导电流的载体，其由导体和绝缘皮组成。充电桩使用的导线，其导体若是无氧铜，绝缘层料应是阻燃聚氯乙烯（PE）或交联聚氯乙烯（PVC）。

2. 导线的分类

常见充电桩上使用的导线按照导体材料不同，有硬线和软线两种，其中硬线又分单股和多股两种，软线是多股。另外，为方便施工和增加防护，日常充电桩安装过程中还会用到护套线，就是在普通多根导线外面再增加一层护套，通常用于充电桩安装过程中敷设线路使用，以增加防护效果。充电桩常见导线如图 2-6 所示。

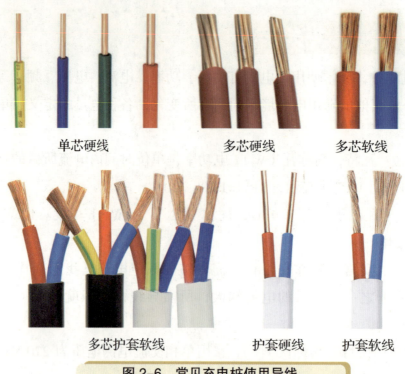

图 2-6 常见充电桩使用导线

3. 导线的颜色

为方便检修和施工，导线绝缘皮上通常会设置相应的颜色用于区分。常见充电桩中导线的颜色如图 2-7 所示。

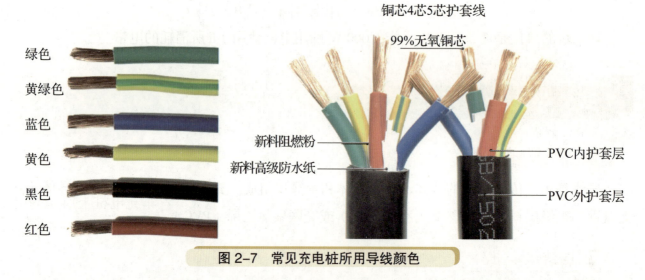

图 2-7 常见充电桩所用导线颜色

国标中，对于单相电路，通常火线的颜色为红色、零线为蓝色、接地线为黄绿色；对于三相电路，A 相为黄色，B 相为绿色，C 相为红色，零线为蓝色，接地线为黄绿色。在电线的使用上，应符合标准要求，以便于施工和后期检修工作。常见的不规范选用如图 2-8 所示。

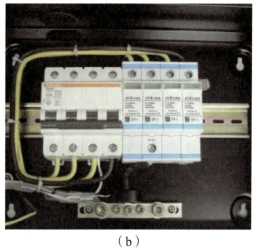

图 2-8 电线颜色使用对比

（a）规范用线方便检修；（b）不规范用线不便检修

4. 导线的规格

导线的规格是以导线中**导体横截面积**进行定义的，其单位是平方毫米（mm²）。常见导线的规格如图 2-9 所示。

图 2-9 常见导线的规格

导线的规格与其承载的电流成正比，规格越大其平方数越大。汽车充电桩上所用的电线，其规格需要根据充电桩的额定电流对应具体国标，其中供电插头、车辆插头用电缆为充电桩上附带的导线，供电插座用导线为安装充电桩时充电桩至电网（电表或供电开关）之间电路的导线，当此导线距离较大（大于 30 m）时，应在国标基础上适当增大导线规格。国标中导线规格与适配充电桩额定电流对应关系如表 2-1 所示。

表 2-1　充电桩额定电流与导线规格对应关系

触头电流额定值 /A	供电插头、车辆插头和车辆插座用电缆的横截面积 /mm²		供电插座用的电缆横截面积 /mm²	
	非接地导线	接地导线	非接地导线	接地导线
2	0.5	—	0.5	—
10	1.0~1.5	2.5	1.0~1.5	2.5
16、20	1.0~2.5	2.5	1.5~4	4
32	2.5~6	6	2.5~10	10
63	6~16	16	6~25	25
80	10~25	25	16~35	25
125	25~70	25	35~95	50
200	70~150	25	70~185	95
250	70~150	25	70~185	95
400	240	120	300	150

5. 峰谷电

国家电网日平均发电量比较均匀,但日间用电量与夜间用电量由于生产和生活习惯不同,其差异较大。在夜间用电量较少时,电网上的部分电量不能被充分利用,造成极大浪费。为优化国家整体电力资源的配置,居民生活用电峰谷电,是在城市居民当中开展试点的一种新电价类别。它是将一天 24 小时划分成两个时间段,把 8:00—22:00 共 14 小时称为峰段,执行峰电价为 0.568 元/(kW·h);22:00—次日 8:00 共 10 小时称为谷段,执行谷电价为 0.288 元/(kW·h)。

汽车使用的特点为白天使用较多,而夜间使用较少,正好可以充分利用夜间谷电,这也是我国大力发展新能源汽车产业的一个原因。2022 年全国两会之后,大部分城市对于个人安装的充电桩也开始执行峰谷电电价计量方式,而且将用电量分成四挡,分别是尖、峰、谷、平,如图 2-10 所示。

这一改变,将极大优化车主用车时间段调配,降低新能源汽车车主用车成本,更有利地促进新能源汽车的普及。

图 2-10　新能源汽车充电时间段电价配置

实训步骤

一、观察现场信息

观察现场配电箱、充电桩等信息，并填写表 2-2。

表 2-2 现场信息表

作业任务	作业内容
配电箱电压	
所用充电桩电压	
所用充电桩功率	
配电箱三脚插孔规格	
充电桩电源线类型	□单芯硬线　□多芯硬线　□多芯软线
充电桩电源线规格	mm^2
电源线根数	□3根　□4根　□5根

二、现场感受任务描述中的导线

准备不同导线，观看其信息。

（1）根据充电桩电源线线芯材质，确定导线类型。图 2-11 所示为常见充电桩使用导线。

（2）观察充电枪电源线线芯材质，确定导线类型。图 2-12 所示为电源线结构。

图 2-11 常见充电桩使用导线

图 2-12 电源线结构

（3）用游标卡尺或千分尺测量导线线芯直径，如图2-13所示。

图2-13　测量导线线芯直径

（4）根据直径计算导线规格。

（5）计算导线的规格尺寸，并与导线铭牌尺寸对比，查看其区别。

（6）填写表2-3，并对比测量值与型号之间的区别。

表2-3　作业记录表

作业内容	显示内容可以用文字描述，也可以画出相应符号
硬线导线直径	
软线导线直径	
测量直径所用量具	
导线颜色	

评价反馈

完成以下习题：

1. 家用照明电，其额定电压为（　　　）。

　　A. 220 V　　　　　B. 380 V　　　　　C. 12 V　　　　　D. 24 V

2. 工业用三相交流电，其额定电压为（　　）。
A. 220 V　　　　B. 380 V　　　　C. 12 V　　　　D. 24 V

3. 我国国标规定，日常家用交流电的频率为（　　）。
A. 50 Hz　　　　B. 60 Hz　　　　C. 100 Hz　　　　D. 120 Hz

4. 单相电路中，火线使用的导线颜色为（　　）色，零线使用的导线颜色为（　　）。
A. 红/黄　　　　B. 红/绿　　　　C. 黄/绿　　　　D. 红/蓝

5. 国标规定，接地线使用的导线颜色为（　　）色。
A. 红黄　　　　B. 红绿　　　　C. 黄绿　　　　D. 红蓝

6. 我国国标规定，导线的规格用（　　）尺寸表示。
A. 导线横截面积　　　　　　　　B. 导线外径
C. 导线线芯横截面积　　　　　　D. 导线长度

7. 国标导线规格，其单位是（　　）。
A. 平方毫米　　　B. 毫米　　　　C. 平方厘米　　　D. 米

8. 单相 3.5 kW 充电桩，其电源线通过的电流约为（　　）。
A. 10 A　　　　B. 16 A　　　　C. 32 A　　　　D. 48 A

9. 根据国标规定，3.5 kW 单相交流充电桩，应该选用导线规格为（　　）mm²。
A. 1.0　　　　B. 1.5　　　　C. 2.5　　　　D. 4.0

10. 家用 2P 空调，其插头的规格应为（　　）。
A. 10 A　　　　B. 16 A　　　　C. 32 A　　　　D. 48 A

任务三
新能源汽车充电桩结构认知

📝 任务描述

一台 220 V/3.5 kW 交流充电桩无法充电，经过远程视频检测后确定为充电桩辅助电源故障。客户为降低维修成本，想自己购买配件请人更换。作为配件销售人员，你应该准确获取辅助电源的相关参数信息，所以要求用户根据你的指引对辅助电源位置进行拍照确认。

📝 任务分析

通常普通交流充电桩的内部通常由漏电保护器、空气开关、浪涌保护器、电能表、接触器、急停开关、充电桩主控板、辅助电源和刷卡器（部分车型用蓝牙取代）及充电枪组成。其中辅助电源的任务是将 220 V 交流电变成 5 V 或 12 V 直流电供给充电桩主控板及显示屏等弱电部件。根据远程视频检测，该充电桩在接通空气开关后，充电桩的显示屏不亮，用试电笔检测空气开关的输入及输出部位，供电正常，所以判断是充电桩的辅助电源出现故障。

📝 任务目标

（1）能够掌握充电桩的基本结构。
（2）能够描述新充电桩的组成及各元件的名称。
（3）能够了解充电桩基本元件的工作原理及作用。
（4）能够掌握充电桩基本元件的检测方法。
（5）能够简述充电桩各元件电路接入顺序。

学习条件

具备以下设备、设施及理论知识：

（1）交流 220 V 充电桩（壁挂式和立式均可，立式体积稍大更方便教学）。

（2）一体化教室（配备 220 V/16 A 和 220 V/10 A 插座）。

（3）220 V 交流充电桩、多媒体教学系统、插电式新能源车辆、个人安全防护用品、安全警示标识、培训手册、教学视频、课件。

（4）基本理论知识。

注意事项

（1）严禁非专业人员对高压部件（橙色线束连接器件）进行移除及安装。

（2）未经过高压安全培训的维修人员，不允许接触交流电。

（3）所有 220 V 插座，应该先连接插座后再接通上游空气开关。

（4）对充电桩内部进行教学作业时，务必检查空气开关，要求其处于断开状态并上锁。

（5）充电桩空气开关断开后，务必使用验电设备进行验电确认无误后，方可进行教学作业。

相关知识

充电桩按照其输出电流的形式分为交流充电桩和直流充电桩两种，通常情况下，交流充电桩输入及输出均为 220 V 或 380 V 交流电；而直流充电桩输入电流为交流 220 V 或 380 V 交流电，输出电流则为与车辆动力电池匹配的高压直流电。通俗地讲，交流充电桩只负责交流电的接通和断开，而直流充电桩除了负责交流电的接通和断开外，还需要将交流电变成与被充电车辆动力电池电压匹配的直流电，所以通常直流充电桩的体积比交流充电桩大。

一、交流充电装置

交流充电装置的供电采用 220 V 或 380 V 交流电，通过充电枪与车辆连接。车辆的车载充电机将来自充电装置的 220 V 交流电进行升压整流，变成高压直流电，为动力蓄电池进行充电。常见交流充电装置的工作过程如图 3-1 所示。

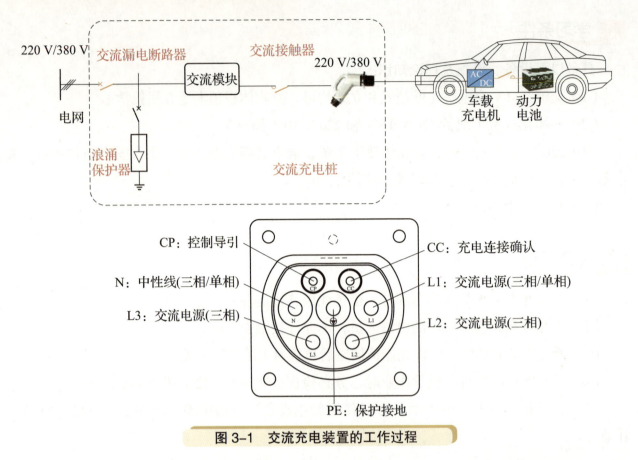

图 3-1 交流充电装置的工作过程

日常使用中,交流充电设备有便携式充电器和充电桩两种,这两种虽然形式结构不同,但其具体工作原理完全相同。两者其外形如图 3-2 所示。

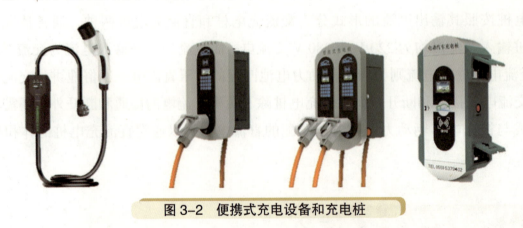

图 3-2 便携式充电设备和充电桩

1. 便携式充电枪

便携式充电枪利用家用交流电进行充电,将充电枪一端与被充车辆连接,另一端与家用 220 V/50 Hz(部分也有 380 V/50 Hz 三相电)单相三孔插座可靠连接即可。其体积小,随车携带灵活,为较多车辆出厂配置的标准配置。便携式充电枪的功率不大,使用时请确保插头的接地线与大地连接良好,否则会报故障不能充电。

三孔插座中间插孔线为接地线,用于连接充电枪的插座必须保证中间插孔可靠接地。便携式充电枪的插头有 10 A 和 16 A 两种规格,通常充电枪上使用 16 A 插头(家用空调、热水器等），也有部分小功率充电枪使用 10 A 插头。10 A 和 16 A 插孔的对比如图 3-3 所示。

2. 交流充电桩

无论交流充电桩是壁挂式还是立式，其内部结构组成基本类似。通常充电桩主要由漏电保护器、空气开关、浪涌保护器、数字电能表、接触器、辅助电源、主控板、读卡器（或蓝牙）、充电枪及其他保护装置组成。

各元件的安装位置随着每个充电桩的结构差异稍有不同。比如，有的小型充电桩将主控制器与接触器控制器合二为一、取消读卡器授权启动、用指示灯或语音播报取消显示屏等，充电桩结构如图 3-4 所示。

10 A 插头与墙壁插座　　16 A 插头与墙壁插座

图 3-3　10 A 和 16 A 插孔的对比

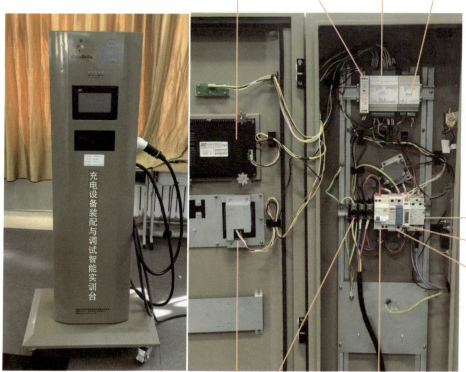

图 3-4　充电桩结构图

便携式充电枪和交流充电桩所配备的充电枪均为国标七孔充电枪，与车辆的七孔充电插座配套使用。国标七孔交流充电枪与充电插座如图 3-5 所示。

图 3-5 国标七孔交流充电枪与充电插座

二、直流充电（快充）桩

直流充电（快充）系统通过直流充电桩直接给动力电池充电，直流充电桩将输入的交流电变成动力电池适配的直流电，直接给动力电池补充电量。直流充电系统的工作过程如图 3-6 所示。

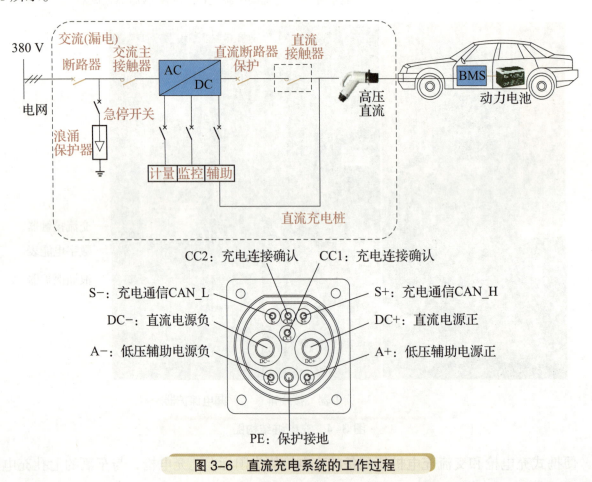

图 3-6 直流充电系统的工作过程

直流充电桩的组成除了交流充电桩组成部分外，最大的区别是增加一个 AC/DC 转化装置，其内部结构如图 3-7 所示。

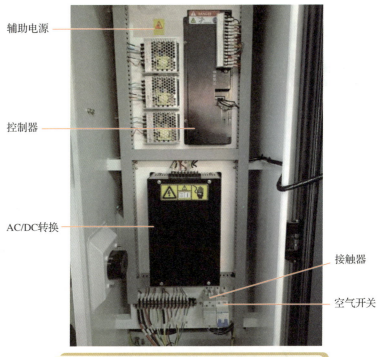

图 3-7 直流充电桩内部结构

三、各组成元件

充电桩系统中，各组成元件对于充电桩有不同的作用，除主控制器外，主要由空气开关（漏电保护器）、浪涌保护器、接触器、电能表、主控模块、读卡器、显示屏、急停开关、限位开关（开盖保护）、充电电缆和充电枪及箱体组成。通常交流充电桩各组成元件如图3-8所示。

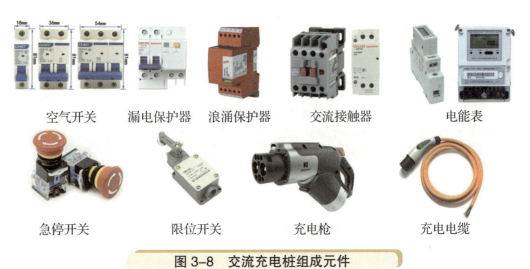

图 3-8 交流充电桩组成元件

除了上述元件外，为提升充电桩的装配效率和装配质量，还采用了一些辅助部件。辅助部件对于充电桩的工作过程没有影响，其应用主要是为了方便装备及美观和规范的要求。常用的附件有接线排、插接器、接线端子、导轨和连接导线等，各类附件如图3-9所示。

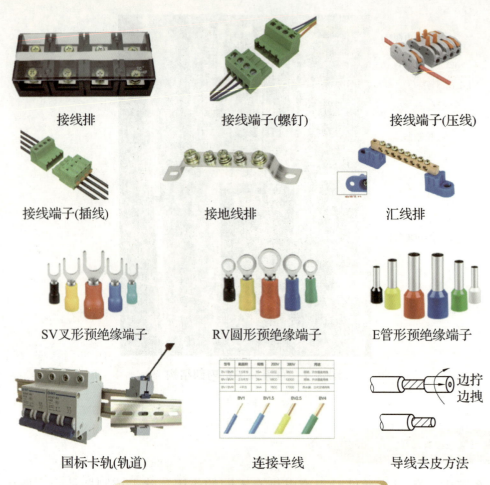

图 3-9 充电桩各类附件

实训步骤

一、观察充电桩信息

观察充电桩信息，并填写表 3-1。

表 3-1 充电桩信息

作业任务	作业内容
充电桩型号	
充电桩工作电压	□ 220 V　□ 380 V
充电桩类型	□交流充电桩　□直流充电桩
充电桩功率	
充电桩电源插头	□ 10 A　□ 16 A　□固定接入　□三脚插座
充电口孔数	
直流充电口孔数	

二、现场感受任务描述中的故障现象

为充电桩设置相应故障,学员操作后观察故障现象。

(1)打开充电桩电源,接通充电桩供电电源,如图3-10所示。

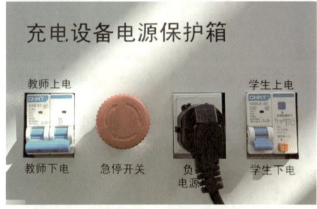

图 3-10　接通充电桩供电电源

注:打开充电桩电源时应佩戴高压防护手套,打开其他电源开关时无须佩戴。

(2)观察充电桩显示屏与指示灯状态,如图3-11所示。

图 3-11　观察充电桩显示屏与指示灯状态

注:打开充电口盖后,充电口照明指示灯会点亮,用于照明。

（3）用万用表检测辅助电源的 AC 输入电压，如图 3-12 所示。

（4）用万用表检测辅助电源的 DC 输出电压，如图 3-13 所示。

 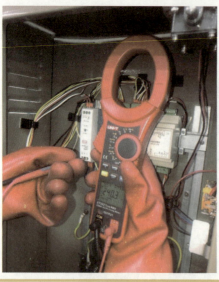  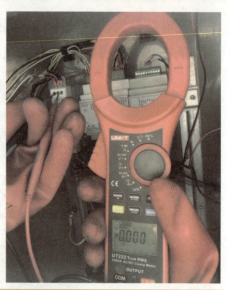

图 3-12　用万用表检测辅助电源的 AC 输入电压　　　图 3-13　用万用表检测辅助电源的 DC 输出电压（故障恢复前）

（5）恢复故障后，用万用表检测辅助电源的 DC 输出电压，如图 3-14 所示。

（6）恢复故障后，观察充电桩显示屏与指示灯状态，如图 3-15 所示。

 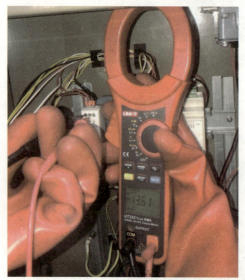 

图 3-14　用万用表检测辅助电源的 DC 输出电压（故障恢复后）　　　图 3-15　观察充电桩显示屏与指示灯状态

（7）完成上述步骤后，填写表 3-2。

表 3-2　作业记录表

作业内容	显示内容可以用文字描述，也可以画出相应符号
接通充电桩电源空气开关	
接通充电桩电源	

续表

作业内容	显示内容可以用文字描述，也可以画出相应符号
空气开关类型	□ 2P　　□ 空气开关漏保　　□ 1P+N
用万用表检测辅助电源输入电压	
用万用表检测辅助电源输出电压	
故障恢复后辅助电源输出电压	
找到该充电桩元件，并在对应元件名称前的方框内打钩	□ 主控制器　　□ 空气开关　　□ 漏电保护器 □ 急停开关　　□ 浪涌保护器　□ 电能表 □ 接触器　　　□ 门碰开关　　□ 充电枪 □ 输入电源线　□ 充电电缆　　□ 辅助电源 □ 显示屏　　　□ 指示灯（个）□ 蓝牙 □ 读卡器　　　□ 其他_____

提示：CC 与 CP 端子之间的电阻表示充电枪的功率，其对应关系为：1.5 kΩ↔10 A；680 Ω↔16 A；220 Ω↔32 A；100 Ω↔63 A。

评价反馈

完成以下习题：

1. 交流充电桩中，辅助电源输出电压为（　　　）。
   A. 220 V 交流　　　B. 220 V 直流　　　C. 12 V 交流　　　D. 12 V 直流

2. 交流充电桩中，辅助电源输入电压为（　　　）。
   A. 220 V 交流　　　B. 220 V 直流　　　C. 12 V 交流　　　D. 12 V 直流

3. 检查空气开关输入电压时，万用表应选择（　　　）。
   A. 直流电压挡　　　　　　　　　　B. 交流电压挡
   C. 二极管蜂鸣挡　　　　　　　　　D. 20 Ω 电阻挡

4. 在检测与接通充电桩内部空气开关时，应佩戴（　　　）。
   A. 安全帽　　　　B. 护目镜　　　　C. 高压绝缘手套　　　　D. 劳保鞋

任务四
空气开关的原理、安装与检测

任务描述

一台 220 V/3.5 kW 交流充电桩无法充电，客户反应接通空气开关后，充电桩始终无法通电，经检查为空气开关损坏导致。维修更换空气开关后，故障排除。作为维修人员，应该如何通过专用检测设备来确定空气开关的状态是否正常呢？

任务分析

空气开关作为充电桩输入电源的总开关，其为充电桩供电。通过空气开关可以为充电桩电路提供短路、过流、欠压等保护，防止充电桩或电路系统出现更大的损失。空气开关通常上端为进线侧，下侧为输出侧。开关合上后，用万用表检查对应零线火线输入输出之间的电阻值发现，火线侧电阻值为 100 Ω，并且跳动。故判断空气开关损坏。

任务目标

（1）能够掌握空气开关的基本结构。
（2）能够描述空气开关的作用及三种动作方式。
（3）能够了解空气开关的基本安装方法。
（4）能够掌握空气开关的检测方法。
（5）能够掌握用空气开关控制灯泡的电路连接。

学习条件

具备以下设备、设施及理论知识：
（1）交流 220 V 充电桩（壁挂式和立式均可，立式体积稍大更方便教学）。
（2）一体化教室（配备 220 V/16 A 和 220 V/10 A 插座）、空气开关。
（3）220 V 交流充电桩、多媒体教学系统、插电式新能源车辆、个人安全防护用品、安全警示标识、培训手册、教学视频、课件。
（4）基本理论知识。

注意事项

（1）严禁非专业人员对高压部件（橙色线束连接器件）进行移除及安装。
（2）未经过高压安全培训的维修人员，不允许接触交流电。
（3）元件就桩检查前，应确认断电。
（4）对充电电路连接完成后，应在教师确认电路连接无误后方可上电。

相关知识

充电桩按照其输出电流的形式分为交流充电桩和直流充电桩两种，通常情况下，交流充电桩输入及输出均为 220 V 或 380 V 交流电；而直流充电桩输入电压为交流 220 V 或 380 V 交流电，输出电压则为与车辆动力电池匹配的高压直流电。通俗地讲，交流充电桩只负责交流电的接通和断开，而直流充电桩除了负责交流电的接通和断开外，还需要将交流电变成与被充电车辆动力电池电压匹配的直流电，所以通常直流充电桩的体积比交流充电桩大。

一、空气开关

空气开关，又名空气断路器。它是只要电路中电流超过额定电流就会自动断开的开关。除能完成接触和分断电路外，尚能对电路或电气设备发生的短路、严重过载及欠电压等进行保护，同时也可以用于不频繁启动的负载。空气开关按照控制的通路数分为 1P（控制火线）、2P（控制火线和零线）、3P（控制三根火线）三种，充电桩由于对安全有特殊要求，所以 1P 的使用较少。各种空气开关如图 4-1 所示。

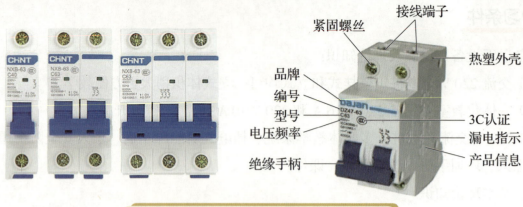

图 4-1 常见的三种空气开关

空气开关能够监测电路中的电流、欠压、过热等参数，如果出现影响电路安全的参数变化，其能够自动切断电路，从而对电路或设备起到保护作用。空气开关内部结构原理如图4-2所示。

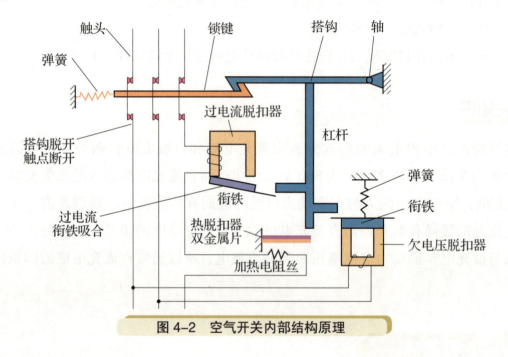

图 4-2 空气开关内部结构原理

二、工作原理

空气开关自动切断分为过电流切断、欠电压切断和过热切断三种，下面分别进行说明。

1. 过电流切断

当电路中的电流突然超过额定值时（一般由于短路导致），串联在电路中的过电流脱扣器线圈电流产生的磁力吸引衔铁向上，推动杠杆上方搭钩向上沿轴顺时针转动脱开搭扣，使触点断开切断主电路，起到过电流保护作用。其动作过程如图4-3所示。

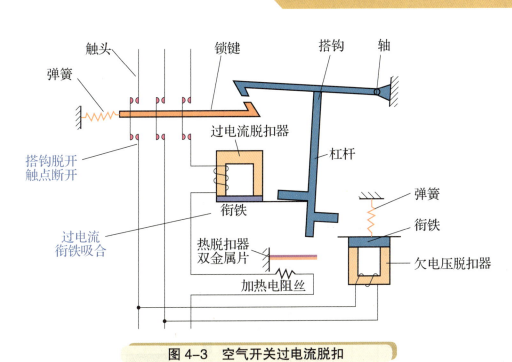

图 4-3 空气开关过电流脱扣

2. 欠电压切断

当电路中的某条电路电压低于额定值时，串联在电路中的欠电压脱扣器线圈电流产生向下的磁力小于衔铁上方弹簧的拉力，衔铁向上推动杠杆上方的搭钩沿轴顺时针转动脱开搭扣，使触点断开切断主电路，起到欠电压保护作用。欠电压保护主要是防止工作设备缺相造成设备损坏。其动作过程如图 4-4 所示。

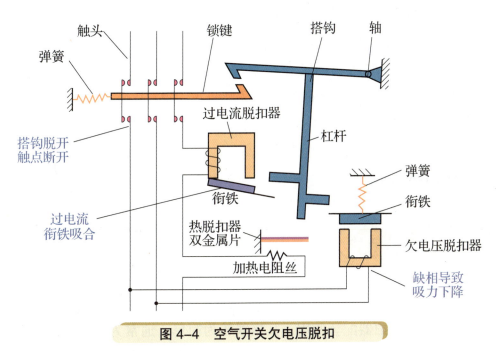

图 4-4 空气开关欠电压脱扣

3. 过热切断

当电路中的电流持续超过额定值时，串联在电路中的加热电阻丝由于电流持续过大会加热热脱扣器双金属片。双金属片由于温度升高导致向上弯曲变形,当变形量达到一定值后,会推动杠杆向上沿轴顺时针转动脱开搭扣,使触点断开,切断主电路,起到过热保护作用。过热保护主要是防止工作设备因负荷超过额定值而造成设备损坏。其动作过程如图4-5所示。

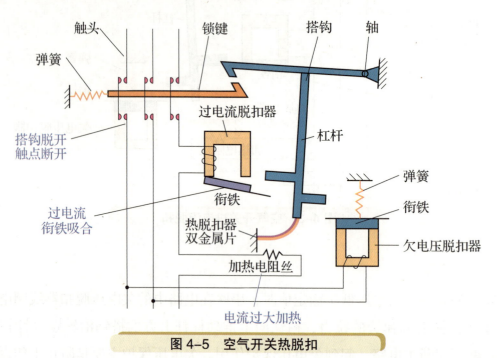

图4-5 空气开关热脱扣

双金属片的工作原理是将两种不同材质金属片叠加,利用两种材料不同膨胀系数的特性,膨胀系数大的一侧长度会大于膨胀系数小的一侧,由于双金属片两片金属两端固定在一起,所以会使得双金属片受热后产生弯曲变形。双金属片在汽车中应用较多,常见的是双金属片式的温控开关,用于控制冷却风扇的转动和高低速,其原理如图4-6所示。

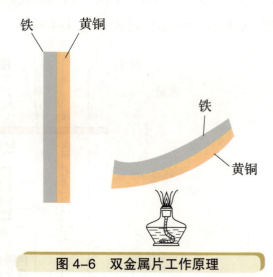

图4-6 双金属片工作原理

三、安装方式

1. 接线方式

空气开关多与漏电保护器配套使用,其接线较为简单。通常为上进下出(安装开关手柄的方向)的接线方式,接线螺钉多为十字螺钉压紧。充电桩上所用的空气开关接线方法如图4-7所示。

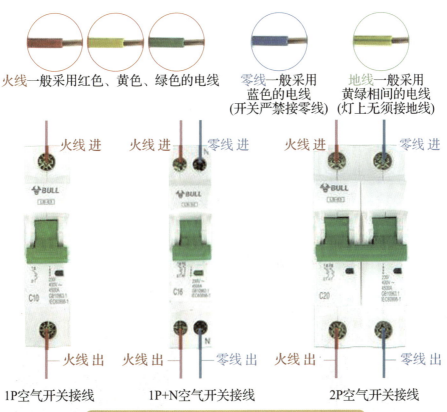

图 4-7 充电桩所用空气开关接线方法示意图

2. 安装方法

空气开关在充电桩中的安装固定采用了国标导轨固定方式,其安装方法较为简单方便。有时为防止空气开关或其他元件在导轨上滑动,所以会用配套导轨固定件对空气开关进行轴向固定。其安装及轴向固定方式如图 4-8 所示。

图 4-8 空气开关在导轨上的安装及轴向固定示意图

实训步骤一

(1)空气开关外观检查,如图 4-9 所示。

(2)空气开关短路检查,如图 4-10 所示。

(3)空气开关通路检查,如图 4-11 所示。

图 4-9　空气开关外观检查

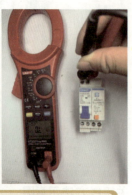

图 4-10　空气开关短路检查

图 4-11　空气开关通路检查

（4）空气开关控制灯泡电路连接，如图 4-12 所示。

（5）空气开关通电检查，如图 4-13 所示。

图 4-12　空气开关控制灯泡电路连接

图 4-13　空气开关通电检查

实训步骤二

一、观察空气开关信息

观察空气开关信息，并填写表 4-1。

任务四　空气开关的原理、安装与检测

表 4-1　空气开关信息表

作业任务	作业内容
空气开关型号	
空气开关工作电压	
空气开关类型	□ 1P　　□ 2P　　□ 3P
空气开关最大功率	

二、现场感受任务描述中的故障现象

为充电桩设置相应故障，学员操作后观察故障现象，并填写表 4-2。

表 4-2　作业记录表

作业内容	显示内容可以用文字描述，也可以画出相应符号
打开充电桩电源，观察屏幕	
充电桩辅助电源指示灯	
空气开关输入端电压	
空气开关输出端电压	
更换空气开关后输出端电压	

评价反馈

完成以下习题：

1. 空气开关接通时，输入端与对应输出端的电阻值应为（　　　）。
   A. < 1 Ω　　　　B. > 1 Ω　　　　C. ∞ Ω　　　　D. 10 Ω

2. 空气开关接通时，输入端零线与火线之间的电阻值应为（　　　）。
   A. < 1 Ω　　　　B. > 1 Ω　　　　C. ∞ Ω　　　　D. 10 Ω

3. 空气开关接通时，输出端零线与火线之间的电阻值应为（　　　）。
   A. < 1 Ω　　　　B. > 1 Ω　　　　C. ∞ Ω　　　　D. 10 Ω

4. 空气开关断开时，输出端零线与火线之间的电阻值应为（　　　）。
   A. < 1 Ω　　　　B. > 1 Ω　　　　C. ∞ Ω　　　　D. 10 Ω

5. 空气开关断开时，输入端零线与火线之间的电阻值应为（　　　）。
   A. < 1 Ω　　　　B. > 1 Ω　　　　C. ∞ Ω　　　　D. 10 Ω

任务五

漏电保护器的原理、安装与检测

任务描述

一台 220 V/3.5 kW 交流充电桩无法充电。客户反应接通充电桩供电开关后，充电桩的漏电保护器跳闸，始终无法通电。经检查为充电桩漏电保护器损坏导致。维修更换漏电保护器后，故障排除。作为维修人员，应该如何确定漏电保护器的状态是否正常呢？

任务分析

漏电保护器作为充电桩输入电源的一种开关，其为充电桩提供漏电保护。漏电保护器不但具有前面所讲空气开关的作用，还具有漏电检测功能。其除了检测电流、欠压、过热等参数外，还对漏电电流进行检测。当检测到故障时，其能够自动切断电路，从而对电路或人身起到保护作用。漏电保护器通常上端为进线侧，下端为输出侧。开关合上后，漏电保护器直接跳闸，说明电路中存在短路现象。用万用表检测漏电保护器输入端零线与火线之间电阻值，为∞ Ω；检测输出端零线与火线间电阻值，为 10 Ω，说明电路存在短路故障。作为维修人员，如何确定该故障是在漏电保护器本身还是充电桩电路呢？

任务目标

（1）能够了解触电的基本常识。
（2）能够描述漏电保护器的作用及工作原理。
（3）能够了解漏电保护器的基本安装方法。

（4）能够掌握漏电保护器的检测方法。
（5）能够正确拆装漏电保护器与空气开关组合体。

学习条件

具备以下设备、设施及理论知识：
（1）交流 220 V 充电桩（壁挂式和立式均可，立式体积稍大更方便教学）。
（2）一体化教室（配备 220 V/16 A 和 220 V/10 A 插座）、漏电保护器。
（3）220 V 交流充电桩、多媒体教学系统、插电式新能源车辆、个人安全防护用品、安全警示标识、培训手册、教学视频、课件。
（4）基本理论知识。

注意事项

（1）严禁非专业人员对高压部件（橙色线束连接器件）进行移除及安装。
（2）未经过高压安全培训的维修人员，不允许接触交流电。
（3）元件就桩检查前，应确认断电。
（4）对元件拆装完成后，应在教师确认电路连接无误后方可上电，上电后用对应的试验按钮和复位按钮进行检查确认。

相关知识

漏电保护器，顾名思义就是当电路中出现漏电（流入的电流和流出的电流不等）、人体触电、电路对地短路等故障时，能够快速切断电源电路，对设备及人身起到保护作用。

一、漏电保护器（开关）

漏电保护器，又名漏保。漏电保护器通常与一个空气开关组合起来，简称为漏电开关，又叫漏电断路器。其主要作用是在设备发生漏电故障时以及对有致命危险的人身触电进行保护，具有过载和短路保护功能，可用来保护线路或设备的过载和短路，亦可在正常情况下作为线路的不频繁转换启动用。由于漏电保护开关的外形与空气开关非常相似，所以日常中经常会出现混淆的现象，应加以注意。两者外形如图 5-1 所示。

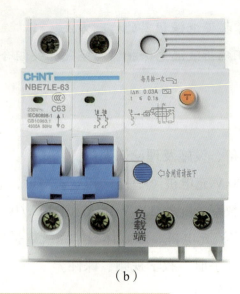

图 5-1 空气开关与漏电保护开关对比

(a) 空气开关；(b) 漏电保护开关

漏电保护器按照控制的通路数分为 1P（控制火线）、1P+N、2P（控制火线和零线）和 3P（控制三根火线）三种，充电桩由于对安全有特殊要求，所以 1P 的使用较少。充电桩上使用的漏电保护开关通常为 1P+N 或 2P 及 3P（三相电充电桩）几种。几种漏电保护开关如图 5-2 所示。

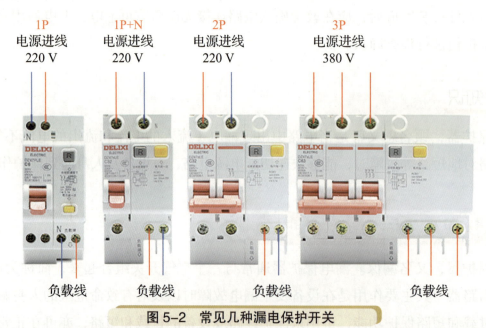

图 5-2 常见几种漏电保护开关

通常我们所见的漏电保护器都是与空气开关的组合体，即一侧是一个普通的空气开关，另一侧是漏电保护器，通过将二者电路和机械部分连接起来，形成漏电保护开关组合体，如图 5-3 所示。

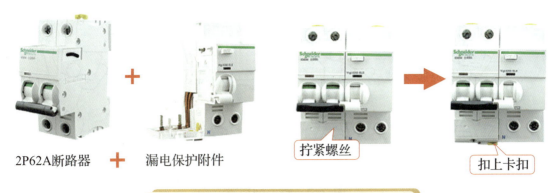

2P62A断路器 ＋ 漏电保护附件　　拧紧螺丝　　扣上卡扣

图 5-3　漏电保护开关的组成

漏电保护开关上通常会有两个按键：一个复位按键，一个试验按键。复位按键是当漏电保护器动作（跳闸）后，如果要再次接通开关，必须将复位按键按下去才可以。试验按键则是为了检验漏电保护开关是否动作正常而用，需要每隔一定时间检验一次，当按下试验按键后，漏电保护开关会动作（跳闸），复位按键会弹起。其各部分作用如图 5-4 所示。

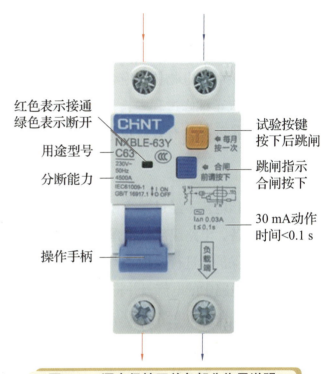

图 5-4　漏电保护开关各部分作用说明

二、工作原理

漏电保护开关由于是空气开关＋漏电保护器的组合体，所以其除了具有漏电和短路保护外，还具有空气开关的电流切断、欠电压切断和过热切断三种保护功能。

1. 触电

触电是电击伤的俗称，通常是指人体直接触及电源或高压电经过空气或其他导电介质传递电流通过人体时引起的组织损伤和功能障碍，重者发生心跳和呼吸骤停。超过 1 000 V 的高压电还可引起灼伤。闪电损伤（雷击）属于高压电损伤范畴。

通常车辆维修过程中的触电主要是电流直接流过人体造成的组织损伤或功能障碍，常见的触电有双线触电（同时接触零线和火线）和单线触电（人体一端接触火线，另一端接触大地）。两者对比之下，单线触电出现的场景更多一些。触电原理如图 5-5 所示。

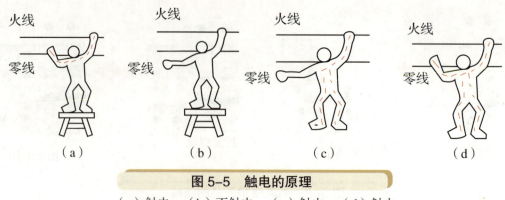

图 5-5 触电的原理
(a) 触电；(b) 不触电；(c) 触电；(d) 触电

为有效防止触电，我们在新能源汽车维修过程中，要求戴防护手套且单手操作，并且需要穿绝缘鞋在绝缘地垫上工作。单手操作主要防止双线触电情况的发生；佩戴绝缘手套则防止人体直接接触带电物体；绝缘地垫则是防止单手触电时人体通过大地与电源构成回路。我们在新能源汽车维修过程中，只要保证佩戴绝缘手套单手操作和在绝缘地垫上操作，就能很好地起到防护效果，有效避免触电情况发生。

2. 漏电

漏电是指电流不经过导线和用电设备正常回路，而是通过电路裸露部分或设备外壳等形成回路。当设备、电路或部分裸露等部位存在漏电时，可能会对操作人员造成触电损伤，所以此时需要通过保护器进行保护。当电路存在漏电情况时，漏电保护器内部的电子电路会通过电流互感器检验电路中的电流，并将电流进行放大后用于控制机械开关。当电路一旦出现微漏电时，漏电保护开关会切断电路，以防止操作人员或设备发生意外情况。其检测过程如图 5-6 所示。

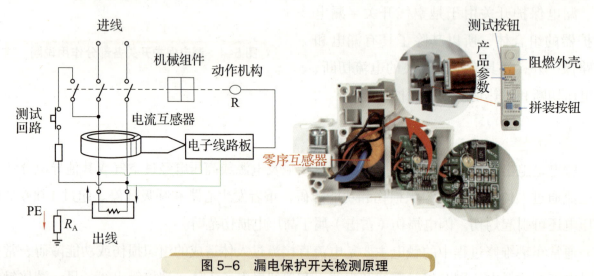

图 5-6 漏电保护开关检测原理

3. 动作过程

漏电保护开关由空气开关和漏电保护器的电路串联组成，电路经过空气开关后进入漏电保护器。漏电保护器上有一个机械联动拨杆（拨动杆），其可拨动空气开关的联动孔并由此控制空气开关的脱扣器动作。其结构原理如图 5-7 所示。

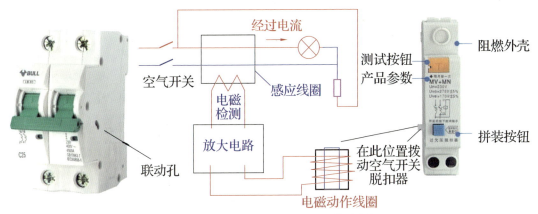

图 5-7　漏电保护开关结构原理

结构上的组成决定了漏电保护开关的功能，所以漏电保护开关既有空气开关的过载、短路和过热等保护功能，又增加了漏电保护功能。当通过漏电保护器的电路下游出现漏电时，漏电保护器中的互感器（电流传感器）会检测电路中的不均衡电流，经放大电路将不均衡电流信号放大，驱动电磁动作线圈拉动漏电保护器中的拨动杆，拨动杆通过空气开关的联动孔内的脱扣器，实现通过空气开关切断电源电路的目的。其原理如图 5-8 所示。

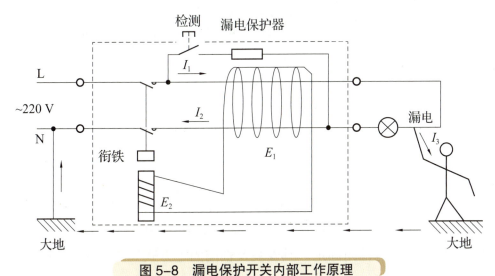

图 5-8　漏电保护开关内部工作原理

三、安装方式

1. 接线方式

漏电保护器多与空气开关配套使用，其接线较为简单。电路结构上，空气开关的输出接漏电保护器的输入，两者结合体的输入则是空气开关的输入，漏电保护器的输出为组合体的输出。其接线如图 5-9 所示。

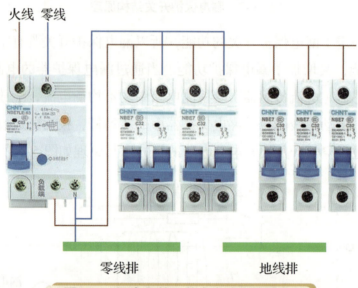

图 5-9　漏电保护开关在电路中的接线

2. 安装方法

漏电保护器同空气开关一样，在充电桩中的安装固定采用了国标导轨固定方式，其安装方法较为简单方便。有时为防止漏电保护开关或其他元件在导轨上滑动，所以会用配套导轨固定件对漏电保护开关进行轴向固定。其安装及轴向固定方式如图 5-10 所示。

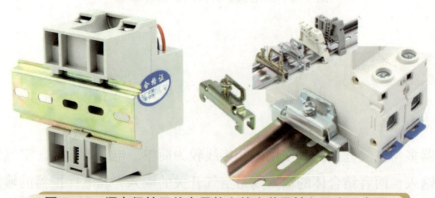

图 5-10　漏电保护开关在导轨上的安装及轴向固定示意图

实训步骤一

1. 漏电保护器外观检查

检查外观应无破损，各按键齐全有效，螺钉十字口未损伤，如图5-11所示。

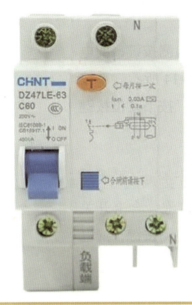

图 5-11　漏电保护器外观

2. 漏电保护器断路检查

将开关处于断开状态，检查漏电保护器火线和零线的输入与输出之间的阻值，应为∞Ω，否则说明保护器内部触点粘连。检查示意如图5-12所示。

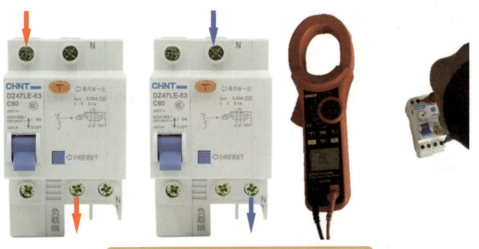

图 5-12　漏电保护器断路检查

3. 漏电保护器短路检查

检查漏电保护器零线与火线之间的电阻值，应为∞Ω。检查示意如图5-13所示。

4. 漏电保护器通路检查

合上漏电保护器开关，检查漏电保护器火线和零线的输入与输出之间的阻值，应小于1Ω，否则说明保护器内部触点接触不良。

5. 漏电保护器通电检查

通电后，按下漏电保护器的检测按键，漏电保护器开关应自动断开，如图5-14所示。不按下复位按键"R"，开关无法合闸；按下复位按键"R"后方能正常合闸。

6. 漏电保护器控制灯泡电路连接

按照图5-15所示电路连接灯泡，合上开关后灯泡点亮。按下漏电保护器的检测按键，漏电保护器开关应自动断开，灯泡熄灭。

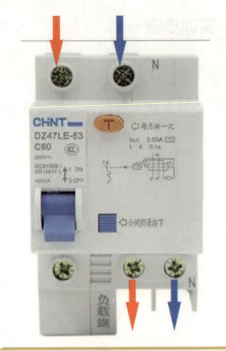

图 5-13　漏电保护器短路检查

图 5-14　漏电保护器通电检查

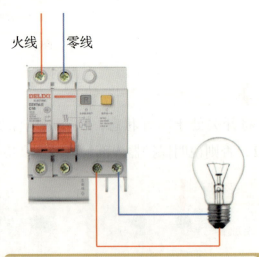

图 5-15　漏电保护器控制灯泡电路连接

实训步骤二

一、观察漏电保护器信息

观察漏电保护器信息，并填写表5-1。

表 5-1　漏电保护器信息表

作业任务	作业内容
漏电保护器型号	
漏电保护器工作电压	
漏电保护器类型	☐ 1P　　☐ 2P　　☐ 3P
漏电保护器最大功率	

二、现场感受任务描述中的故障现象

为充电桩设置相应故障，学员操作后观察故障现象，并填写表 5-2。

表 5-2　作业记录表

作业内容	显示内容可以用文字描述，也可以画出相应符号
打开充电桩电源，观察屏幕	
充电桩辅助电源指示灯	
漏电保护器输入端电压	
漏电保护器输出端电压	
更换漏电保护器后输出端电压	

✎ 评价反馈

完成以下习题：

1. 漏电保护器接通时，输入端与对应输出端的电阻值应为（　　）。
   A. < 1 Ω　　　　B. > 1 Ω　　　　C. ∞ Ω　　　　D. 10 Ω

2. 漏电保护器接通时，输入端零线与火线之间的电阻值应为（　　）。
   A. < 1 Ω　　　　B. > 1 Ω　　　　C. ∞ Ω　　　　D. 10 Ω

3. 漏电保护器接通时，输出端零线与火线之间的电阻值应为（　　）。
   A. < 1 Ω　　　　B. > 1 Ω　　　　C. ∞ Ω　　　　D. 10 Ω

4. 漏电保护器断开时，输出端零线与火线之间的电阻值应为（　　）。
   A. < 1 Ω　　　　B. > 1 Ω　　　　C. ∞ Ω　　　　D. 10 Ω

5. 漏电保护器断开时，输入端零线与火线之间的电阻值应为（　　）。
   A. < 1 Ω　　　　B. > 1 Ω　　　　C. ∞ Ω　　　　D. 10 Ω

任务六
浪涌保护器的原理、安装与检测

任务描述

一台 220 V/3.5 kW 交流充电桩无法充电。客户反应接通充电桩供电开关后，充电桩的漏电保护器跳闸，始终无法通电。经检查为充电桩浪涌保护器损坏导致。维修更换浪涌保护器后，故障排除。作为维修人员，应该如何确定浪涌保护器的状态是否正常呢？

任务分析

浪涌保护器，也叫防雷器，是一种为各种电子设备、仪器仪表、通信线路提供安全防护的电子装置。当电气回路或者通信线路中因为外界的干扰突然产生尖峰电流或者电压时，浪涌保护器能在极短的时间内导通接地进行分流，从而避免浪涌对回路中其他设备的损害。

浪涌保护器适用于交流频率为 50 Hz/60 Hz，额定电压为 220 V/380 V 的供电系统中，对间接雷电和直接雷电影响或其他瞬时过压的电涌进行保护。由于充电桩的特殊性，如果充电桩及其电路在充电过程中遭受雷击或浪涌电压影响，会造成车辆的车载充电机或者电池管理系统 BMS 等控制单元的损坏，所以充电桩内部通常会设置浪涌保护装置。

任务目标

（1）能够了解浪涌保护的基本常识。
（2）能够描述浪涌保护器的作用及工作原理。
（3）能够了解浪涌保护器的基本安装方法。

(4）能够掌握浪涌保护器的检测方法。
(5）能够正确拆装浪涌保护器。

学习条件

具备以下设备、设施及理论知识：
(1）交流 220 V 充电桩（壁挂式和立式均可，立式体积稍大更方便教学）。
(2）一体化教室（配备 220 V/16 A 和 220 V/10 A 插座）、浪涌保护器。
(3）220 V 交流充电桩、多媒体教学系统、插电式新能源车辆、个人安全防护用品、安全警示标识、培训手册、教学视频、课件。
(4）基本理论知识。

注意事项

(1）严禁非专业人员对高压部件（橙色线束连接器件）进行移除及安装。
(2）未经过高压安全培训的维修人员，不允许接触交流电。
(3）元件就桩检查前，应确认断电。
(4）对元件拆装完成后，应在教师确认电路连接无误后方可上电，上电后用对应的试验按钮和复位按钮进行检查确认。

相关知识

雷电灾害是最严重的自然灾害之一，全世界每年因雷电灾害造成的人员伤亡、财产损失不计其数。新能源汽车上电子、微电子集成化设备大量应用，雷电过电压和雷击电磁脉冲所造成的系统和设备的损坏较为严重。因此，车辆的充电桩上都会设置相应的防雷措施。在充电桩的电源电路上安装浪涌保护器（Surge Protection Device，SPD）抑制线路上的浪涌和瞬时过电压、泄放线路上的过电流成为现代防雷技术的重要环节之一。

一、浪涌保护器（防雷器）

浪涌保护器是电子设备雷电防护中不可缺少的一种装置，过去常称为"避雷器"或"过电压保护器"，英文简写为 SPD。浪涌保护器的作用是把窜入电力线、信号传输线的瞬时过电压限制在设备或系统所能承受的电压范围内，或将强大的雷电流引流入大地，保护被保护的设备或系统不受冲击损坏。汽车充电桩上使用的浪涌保护器主要有单相和三相两种，如图 6-1 所示。

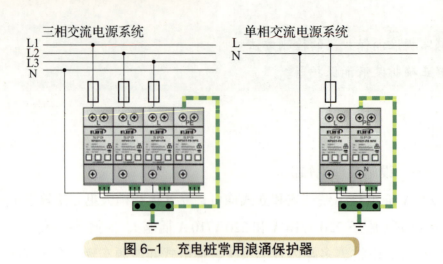

图 6-1 充电桩常用浪涌保护器

二、工作原理

SPD是电子设备雷电防护中不可缺少的一种装置，其作用是把窜入电源线或信号传输线的瞬时过电压限制在设备或系统所能承受的电压范围内，或将强大的雷电流接通PE导入大地，以保护被保护的设备或系统不受冲击。所以其上游接电源或信号主电路，下游接地（PE）或接零。其原理电路如图6-2所示。

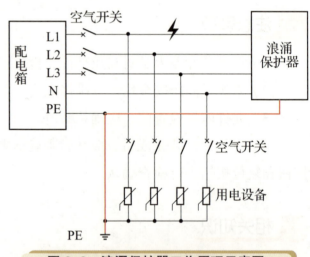

图 6-2 浪涌保护器工作原理示意图

1. 浪涌保护器的分类

常见的浪涌保护器按工作原理分为电压开关型、限压型及组合型三种。按用途不同分为电源线路SPD和信号线路SPD两种，在充电桩上通常会设置在电源电路上。

（1）电压开关型SPD。在没有瞬时过电压时呈现高阻抗，一旦检测到雷电瞬时过电压，其对地（PE）阻抗就突变为低阻抗，允许雷电电流通过，也被称为"短路开关型SPD"。此时其作用主要是防止电路雷击导致的设备损伤，等同于传统防雷器或避雷器。日常电路中的避雷器如图6-3所示。

（2）限压型SPD。其主要防止电路中的瞬时过压冲击。当没有瞬时过电压时，其对地（PE）为高阻抗，当电压超过限定值后，随电涌电流和电压的增加，其对地阻抗会不断减小，其电流电压特性为强烈非线性，有时被称为"钳压型SPD"。

（3）组合型SPD。由电压开关型组件和限压型组件组合而成，可以显示为电压开关型或限压型或两者兼有的特性，这取决于所加电压的特性。

任务六　浪涌保护器的原理、安装与检测

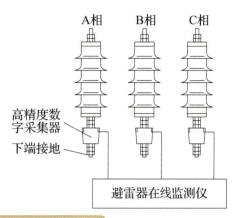

图6-3　日常电路中的避雷器

2. 浪涌保护器的组成

浪涌保护器的类型和结构按不同的用途有所不同，但它至少应包含一个非线性电压限制元件。用于浪涌保护器的基本元器件有放电间隙、充气放电管、压敏电阻、抑制二极管和扼流线圈等。其内部结构如图6-4所示。

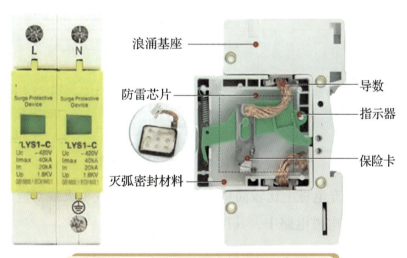

图6-4　浪涌保护器内部结构示意图

浪涌保护器上，有一个观察窗。浪涌保护器正常时，其观察窗是绿色的；当浪涌保护器因过电压受损后，观察窗会变成红色，如图6-5所示。通常浪涌保护器可重复使用，能够承受雷击20次左右。

三、安装方式

1. 接线方式

常见充电桩的浪涌保护器通常设置在电源电路中，其根据充电桩电源电路的不同，有单

图6-5　正常与被击穿的浪涌保护器指示窗

相（220 V）、三相（380 V）和三相四线（220 V/380 V）几种形式。根据接地类型有保护接地（PE）和保护接零两种。由于车用充电桩强制要求接地保护，不接地充电桩控制器不予充电，所以充电桩上的浪涌保护器通常采用保护接地（接PE）形式。常见浪涌保护器接线形式如图6-6所示。

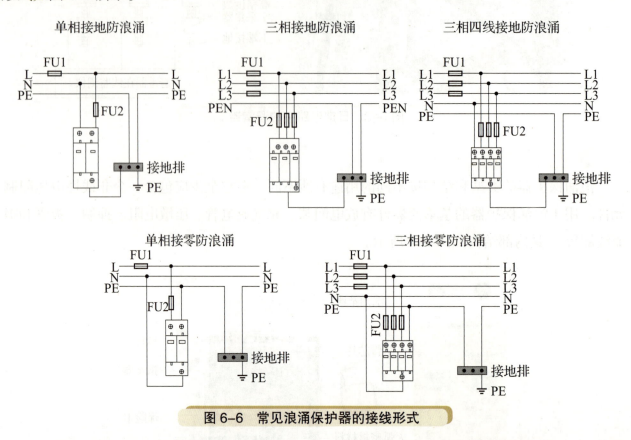

图6-6 常见浪涌保护器的接线形式

浪涌保护器的接线在充电桩上比较简单，其上游按照零线、火线对应的要求接入，下游接地线（PE）即可。在充电桩电路中，其接线如图6-7所示。

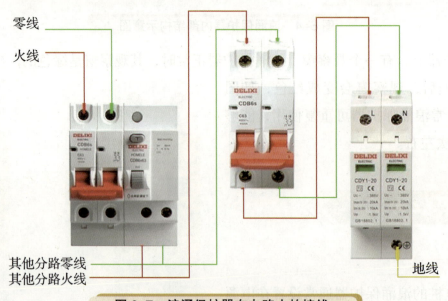

图6-7 浪涌保护器在电路中的接线

2. 安装方法

浪涌保护器在充电桩中的安装固定采用了国标导轨固定方式，其安装方法较为简单方便。有时为防止其在导轨上滑动，所以会用配套导轨固定件对浪涌保护器进行轴向固定。其安装及轴向固定方式如图 6-8 所示。

图 6-8　浪涌保护器在导轨上的安装及轴向固定示意图

实训步骤一

1. 浪涌保护器外观检查

检查外观应无破损，指示窗为绿色，参数与原配件一致，各部分齐全有效，螺钉十字口未损伤，固定卡扣动作正常，如图 6-9 所示。

2. 浪涌保护器短路检查

检查浪涌保护器火线与零线和接地线之间的阻值，应为 ∞ Ω，否则说明浪涌保护器损坏。检查示意如图 6-10 所示。

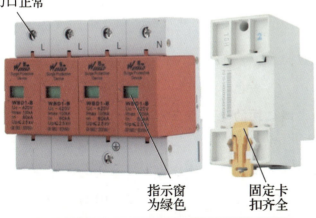

图 6-9　浪涌保护器外观

图 6-10　浪涌保护器短路检查

实训步骤二

一、观察浪涌保护器信息

观察浪涌保护器信息，并填写表6-1。

表6-1　浪涌保护器信息表

作业任务	作业内容
浪涌保护器型号	
浪涌保护器工作电压	

二、现场感受任务描述中的故障现象

为充电桩设置相应故障，学员操作后观察故障现象，并填写表6-2。

表6-2　作业记录表

作业内容	显示内容可以用文字描述，也可以画出相应符号
打开充电桩电源，观察浪涌保护器位置及接线	
浪涌保护器指示窗的位置及颜色	
浪涌保护器背面固定卡扣解锁方式	
浪涌保护器导轨安装及轴向固定	
浪涌保护器零线与火线及接地线三者之间的电阻	

评价反馈

完成以下习题：

1. 浪涌保护器正常时，指示窗的颜色应为（　　）。
   A. 绿色　　　　B. 红色　　　　C. 黄色　　　　D. 蓝色
2. 浪涌保护器正常时，输入端零线与火线之间的电阻值应为（　　）。
   A. <1 Ω　　　B. >1 Ω　　　C. ∞ Ω　　　D. 10 Ω
3. 浪涌保护器正常时，输入端零线与地线之间的电阻值应为（　　）。
   A. <1 Ω　　　B. >1 Ω　　　C. ∞ Ω　　　D. 10 Ω

任务七
交流接触器的原理、安装与检测

📝 任务描述

一台 220 V/3.5 kW 交流充电桩,刷卡正常,但无法充电。客户反应刷卡充电后,充电桩提示正常,车辆仪表盘显示充电枪连接正常,但车辆始终无法充电。经检查为交流接触器损坏导致。维修更换接触器后,故障排除。作为维修人员,应该如何确定接触器的状态是否正常呢?

📝 任务分析

接触器的工作原理与汽车中广泛使用的继电器完全类似,只不过接触器控制容量较大而继电器控制容量较小。接触器(继电器)被广泛用作电力电路中的开断和控制,在汽车各种电路中使用非常广泛。微控制器或按钮开关控制接触器的线圈,实现控制接触器触点的接通和断开,通过控制接触器线圈的小电流通断实现接触器触点大电流通断的控制,从而便于实现电路的自动控制以及保证控制系统的安全(控制线路采用 12 V 实现控制 220 V 或 380 V 电路)。充电桩中接触器的位置及其作用如图 7-1 所示。

充电桩的接触器由充电桩主控板控制,部分充电桩为提升安全性还会增加一个接触器控制器,即主控制器控制接触器控制器,通过接触器控制器再控制接触器。

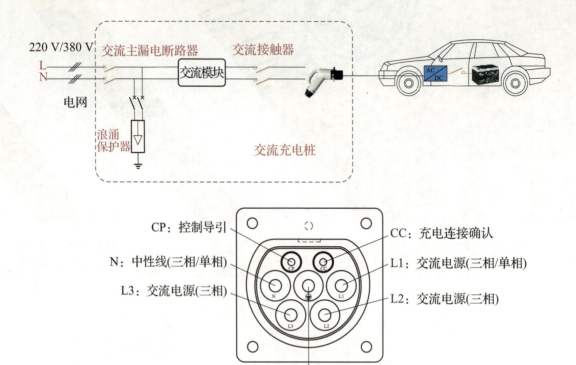

图 7-1 交流充电桩接触器位置及作用示意图

任务目标

（1）能够了解接触器的基本结构。
（2）能够描述接触器的作用及工作原理。
（3）能够了解接触器的基本安装方法。
（4）能够掌握接触器的检测方法。
（5）能够正确拆装接触器。

学习条件

具备以下设备、设施及理论知识：

（1）交流 220 V 充电桩（壁挂式和立式均可，立式体积稍大更方便教学）。
（2）一体化教室（配备 220 V/16 A 和 220 V/10 A 插座）、交流接触器。
（3）220 V 交流充电桩、多媒体教学系统、插电式新能源车辆、个人安全防护用品、安全警示标识、培训手册、教学视频、课件。
（4）基本理论知识。

注意事项

（1）严禁非专业人员对高压部件（橙色线束连接器件）进行移除及安装。

(2)未经过高压安全培训的维修人员，不允许接触交流电。

(3)元件就桩检查前，应确认断电。

(4)对元件拆装完成后，应在教师确认电路连接无误后方可上电，上电后用对应的试验按钮和复位按钮进行检查确认。

相关知识

接触器的功能广义上是指利用电磁线圈流过小电流产生磁场，使触头闭合，以达到控制负载的大电流。接触器按照其线圈工作电流分为交流接触器（电压 AC）和直流接触器（电压 DC），它通常应用于电力、配电与用电场合，充电桩中通常使用的是交流接触器。对于直流接触器而言，其与我们传统车中使用的继电器原理完全一致，通俗地说就是一个放大型号的继电器。

由于流过接触器线圈的电流较小，所以接触器可以方便地实现电脑自动控制。在新能源汽车中，通常动力电池内部的主电路会使用接触器，而灯光、空调、风扇、电脑电源电路等则使用传统小型继电器。在充电桩中，接触器的主要作用是根据充电桩主控板的命令接通或断开充电枪的电源电路。当主控板接通主电路时，充电枪给车载充电机供电，当接触器断开时，充电枪停止充电。

一、接触器（继电器）

接触器（继电器）是汽车电路中常见控制元件，其通过控制电磁线圈的小电流（低电压）来控制通过触点的大电流（高电压），从而提升控制器（控制开关）的使用寿命并提升操控的安全性。简单接触器由电磁线圈、衔铁、弹簧和触点组成。接触器基本组成如图7-2所示。

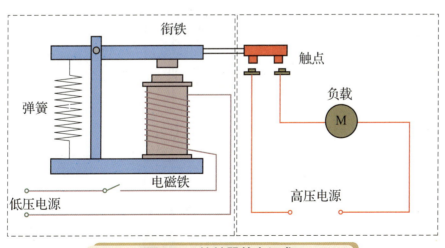

图7-2　接触器基本组成

二、接触器的结构及工作原理

1. 接触器的工作原理

接触器的主要目的就是通过控制线圈的小电流（低电压）实现控制触点大电流（高电压）这一目的。如图7-3所示，当用手操作主电路开关时，如果主电路电压高于36 V（人体安全电压），那么对于操作人员而言，其存在一定的危险性。如果控制的电压达到380 V以上时，则危险性更高。如果采用电磁铁代替人手去动作开关，所完成的功能一样，但人手只需控制电磁线圈的电流（低压小电流）就可以，从而提高操作的安全性。

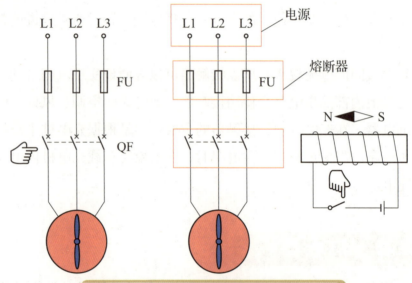

图7-3 接触器工作原理示意图

如图7-4所示，在自动控制中，如果我们用电脑控制器去代替人手控制电磁线圈的通断，这样就可以实现电脑控制的自动通断，从而实现电脑自动控制。

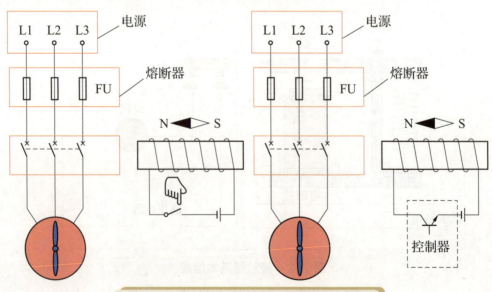

图7-4 自动控制接触器工作原理示意图

接触器有两种工作状态：失电状态（释放状态）和得电状态（动作状态）。常开触点是线圈得电后闭合，失电断开；常闭触点则相反。接触器两种状态如图7-5所示。

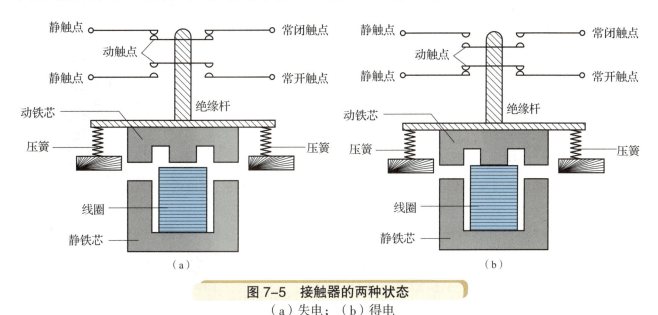

图7-5　接触器的两种状态
（a）失电；（b）得电

2. 接触器的类型

为了丰富接触器的功能，接触器上通常会分为主触点和辅助触点，其中主触点用于接通和断开主电源电路，辅助触点则用于实现电路的自锁或互锁等控制。通常充电桩上使用的接触器多为只有主触点的接触器。

接触器中的触点分为动触点和静触点，动触点和静触点为一对。触点根据电磁线圈未通电时的接触情况，分为常开触点（B与C）和常闭触点（A与B）。在电路中，通常会使用符号代替实物图，复杂接触器的结构及符号如图7-6所示。

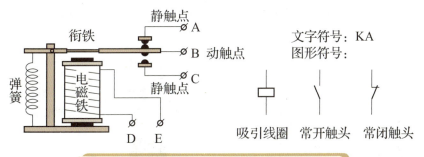

图7-6　复杂接触器的结构组成及符号

接触器根据其电磁线圈的工作电流不同，分为交流接触器和直流接触器两种，交流接触器其电磁线圈的工作电流为交流电（AC），直流接触器其电磁线圈的工作电流为直流电（DC）。直流接触器与交流接触器除了线圈所用电流不同，其电磁衔铁的结构也略有区别，但其符号和画法则完全一致，我们选用过程中，应防止选用错误。直流接触器与交流接触器可以接触器铭牌标识来区分，接触器线圈工作电压会在接触器铭牌上明确标识，如图7-7所示。

常见接触器的外形有多种形式，在我们的充电桩中都有使用，无论哪种形式，其工作原理基本相似。我们在选用时，主要关注线圈工作电流类型及主触点的负荷就可以了。充电桩上常见接触器如图7-8所示。

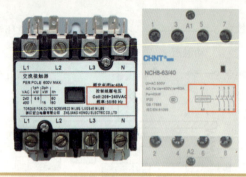

图7-7 接触器线圈工作电压示意

图7-8 充电桩常用接触器

接触器上，有一个观察窗。接触器吸合或者断开时通过观察窗可以直接观察到其工作状态，便于电路检修。如图7-9所示接触器，工作人员通过指示器观察窗口可以直接观察到接触器是否吸合。

三、安装方式

1. 接线方式

常见充电桩接触器主触点设置在电源电路中，其根据充电桩电源电路的不同，有单相（220 V）、三相（380 V）和三相四线（220 V/380 V）几种形式。线圈电路则由充电桩主控制器控制。常见单相与三相交流接触器在充电桩中的接线如图7-10所示。

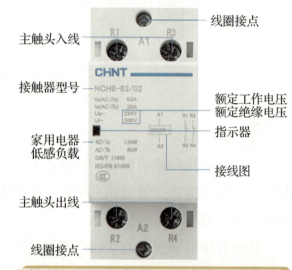

图7-9 接触器各接线端子及观察窗位置

图7-10 交流接触器在充电桩中的接线示意图

2. 安装方法

接触器在充电桩中的安装固定采用了国标导轨固定方式，其安装方法较为简单方便。其安装及轴向固定方式如图 7-11 所示。

图 7-11　接触器在导轨上的安装及轴向固定示意图

实训步骤一

1. 接触器外观

图 7-12 所示为接触器外观。检查外观应无破损，参数与原配件一致，各部分齐全有效，螺钉十字口未损伤，固定卡扣动作正常。

2. 接触器线圈电路检查

如图 7-13 所示，检查接触器 A1 与 A2 之间的阻值，应为 120 Ω 左右，否则说明接触器线圈损坏。

图 7-12　接触器外观

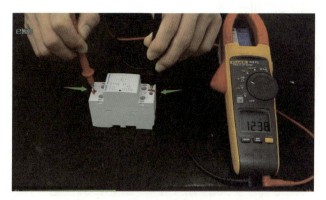

图 7-13　接触器线圈电路检查

3. 接触器短路检查

如图 7-14 所示，检查接触器 1 与 2、3 与 4 之间的阻值，应为 ∞ Ω 左右，否则说明接触器触点粘连损坏。

图 7-14 接触器短路检查

4. 接触器导通检查

如图 7-15 所示,用螺丝刀或等同工具,按下接触器动触点,1 与 2、3 与 4 之间的阻值应小于 1 Ω 左右,否则说明接触器触点损坏。

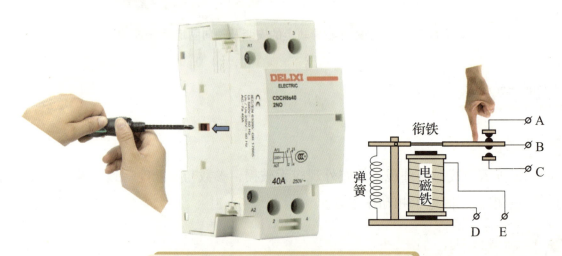

图 7-15 接触器导通检查

实训步骤二

一、观察接触器信息

观察接触器信息,并填写表 7-1。

表 7-1 接触器信息表

作业任务	作业内容
接触器型号	
接触器线圈工作电压	
接触器主触点路数	
接触器线圈端子标识	
接触器触点端子标识	

二、现场感受任务描述中的故障现象

为充电桩设置相应故障,学员操作后观察故障现象,并填写表7-2。

表7-2 作业记录表

作业内容	显示内容可以用文字描述,也可以画出相应符号
打开充电桩电源,观察接触器位置及接线	
接触器线圈端子接线	
接触器背面固定卡扣解锁方式	
接触器导轨安装及轴向固定	
接触器线圈两端子之间电阻	
按下动触点,接触器触点端子之间电阻值	端子号____与____,电阻值为_____ 端子号____与____,电阻值为_____ 端子号____与____,电阻值为_____

评价反馈

完成以下习题:

1. 接触器正常时,线圈两端子间电阻值应为(　　)。
   A. < 1 Ω　　　　B. > 1 Ω　　　　C. ∞ Ω　　　　D. 120 Ω

2. 接触器正常时,输入端零线与火线之间的电阻值应为(　　)。
   A. < 1 Ω　　　　B. > 1 Ω　　　　C. ∞ Ω　　　　D. 10 Ω

3. 接触器正常时,输出端零线与火线之间的电阻值应为(　　)。
   A. < 1 Ω　　　　B. > 1 Ω　　　　C. ∞ Ω　　　　D. 10 Ω

4. 按下动触点后,输入端零线与输出端零线之间的电阻值应为(　　)。
   A. < 1 Ω　　　　B. > 1 Ω　　　　C. ∞ Ω　　　　D. 10 Ω

5. 按下动触点后,输入端火线与输出端火线之间的电阻值应为(　　)。
   A. < 1 Ω　　　　B. > 1 Ω　　　　C. ∞ Ω　　　　D. 10 Ω

任务八

电能表的原理、安装与检测

任务描述

一台 220 V/7.7 kW 交流充电桩，刷卡正常，但无法充电。客户反应刷卡充电后，充电桩故障提示报警。经调取充电桩显示屏的故障记录，其显示"单相电能表故障"。经过检查后，发现单相电能表通信线松脱，脱落线头如图 8-1 所示，重新连接并紧固后故障排除。作为维修人员，应该如何确定电能表状态是否正常呢？

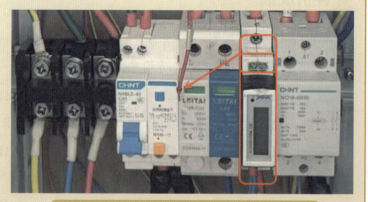

图 8-1　智能电表位置及脱落通信线

任务分析

部分充电桩，因为需要计量收费，所以在充电桩电源电路上会设置数字电能表。其检测充电桩充电过程中的耗电量，并将此信息通过通信线传输给充电桩控制器，用于计量扣费。对于无须计费的小型家用充电桩或便携式充电枪，因为不牵扯充电缴费，所以其内不设置电能表。

充电桩内的电能表，其主要功能是给充电桩控制器提供充电过程的耗电量信息，控制器根据时间段和耗电量及电价等参数按照公式计算扣费信息，将扣费信息通过刷卡、二维码或 APP 内部信息进行展示并扣费。如果电能表出现故障或电能表与充电桩控制器之间通信不正常，则控制器无法获取充电桩耗电量，所以系统保护不会进行充电操作，并点亮故障提醒。

充电桩中,智能电表在电路中的位置如图 8-2 所示。

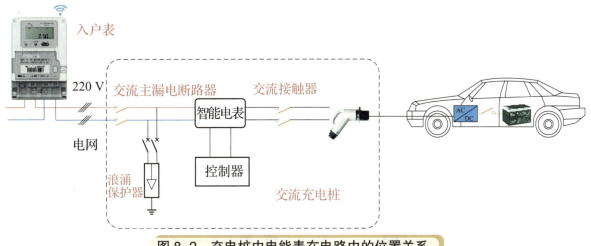

图 8-2　充电桩中电能表在电路中的位置关系

📝 任务目标

（1）能够了解电能表的基本结构。
（2）能够描述电能表的作用及工作原理。
（3）能够了解电能表的基本安装方法。
（4）能够掌握电能表的检测方法。
（5）能够正确拆装电能表。

📝 学习条件

具备以下设备、设施及理论知识：
（1）交流 220 V 充电桩（壁挂式和立式均可，立式体积稍大更方便教学）。
（2）一体化教室（配备 220 V/16 A 和 220 V/10 A 插座）、电能表。
（3）220 V 交流充电桩、多媒体教学系统、插电式新能源车辆、个人安全防护用品、安全警示标识、培训手册、教学视频、课件。
（4）基本理论知识。

📝 注意事项

（1）严禁非专业人员对高压部件（橙色线束连接器件）进行移除及安装。
（2）未经过高压安全培训的维修人员，不允许接触交流电。
（3）元件就桩检查前，应确认断电。
（4）对元件拆装完成后，应在教师确认电路连接无误后方可上电，上电后用对应的试验按钮和复位按钮进行检查确认。

相关知识

电能表是用来测量电能的仪表,又称电度表、火表、千瓦小时表。在低电压(不超过 500 V)和小电流(几十安)的情况下,电能表可直接接入电路进行测量。在高电压或大电流的情况下,电能表不能直接接入线路,需配合电压互感器或电流互感器使用。由于我们的充电桩多为 220 V 或 380 V 充电桩,所以常见充电桩内部的电能表基本上直接接在主电路中,但也存在部分大功率直流充电桩的电能表采用互感器接入方式。电能表直接接入与互感器接入的区别如图 8-3 所示。

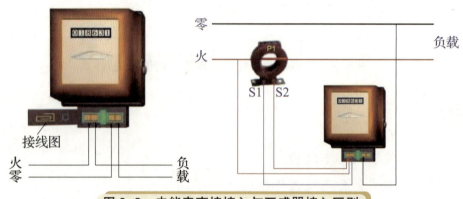

图 8-3 电能表直接接入与互感器接入区别

一、电能表及其作用

充电桩安装、装配及调试过程中,涉及的电能表主要有两个,一个是入户表(桩前表),另一个是充电桩内部的计量表。入户表主要用于电力公司计量充电桩耗电量,充电桩内部的数字智能电表主要用于充电桩控制器计算单次充电耗电费用。两个电能表在电路中的位置关系如图 8-4 所示。

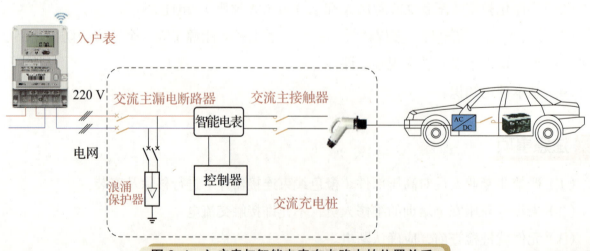

图 8-4 入户表与智能电表在电路中的位置关系

二、电能表类型

1. 入户电能表（桩前表）

日常生活中的电能表称为入户表（桩前表），大部分已经换装数字智能电表。这类电能表能通过有线或无线与后台管理进行通信，其不但能够实时上传电能数据，并能够实现远程抄表、监测、断电等功能。这种电能表通常安装在建筑物统一的电表间内，属于电业公司财产。用户在使用时，只需从电能表箱出线口处的空气开关进行接线即可。车主申报的充电桩专用电能表（桩前表），供电公司也会在电能表出口留有接线空气开关，安装充电桩电源线时直接从空气开关位置接线，电能表的接线端带有铅封或防拆装置，不允许私自拆装。常见电能表及配电箱如图8-5所示。

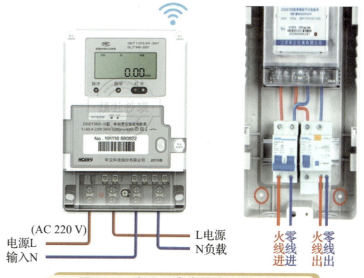

图8-5 常见入户电能表及配电箱

对于桩前表，一定注意的是，电业公司安装后，表的壳体和接线端子均不能拆装。其中上盖铅封是电能表出厂时配带的，除非对电能表计量有异议，申请由电业公司找第三方鉴定时方可打开。端盖铅封为电业公司安装电能表接线后，对电能表接线端子进行防拆安装，非电业公司人员不能拆装。电业公司的电能表安装后，会在电能表配电箱配带空气开关用于用户接线。电能表铅封及配电箱如图8-6所示。

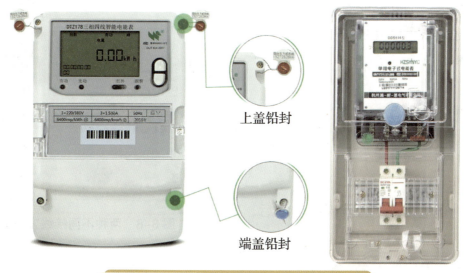

图8-6 电能表铅封及电能表配电箱

2. 桩内表

桩内表是安装在充电桩内部的电能表，用于给充电桩控制器（主控板）传递所用电量信息，充电桩控制器根据电量数量、电费费率及时间（计算峰谷电用）等信息进行单次充电费用的计算及扣费。充电桩内部的电能表通常使用数字电能表，其与充电桩控制器之间采用通信线连接。常见充电桩内部的电能表如图8-7所示。

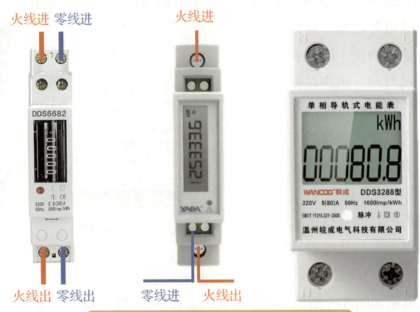

图8-7 充电桩内部智能电表

充电桩内的电能表由于需要与充电桩控制器通信，所以充电桩电能表上会标注通信波特率，在更换的时候应该注意通信频率一致。部分智能电表的进线和出线有明确要求，在安装时注意不能接反，部分电能表不标注进线与出线，则表示进出线可以互换使用。两种电能表的对比如图8-8所示。

三、安装方式

1. 接线方式

充电桩内部电能表在浪涌保护器之后，串联在电路中。根据充电桩电压不同有单相电能表、三相线电能表两种。

单相电能表有双进双出型，也有双进单出型，每种型号的电能表接线应该根据要求选

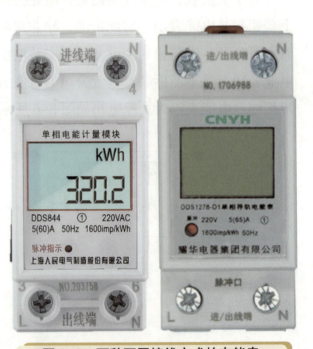

图8-8 两种不同接线方式的电能表

用。电能表与充电桩控制器之间的通信线为防止电信号干扰，通常采用双绞线方式。常见单相电能表的接线如图 8-9 所示。

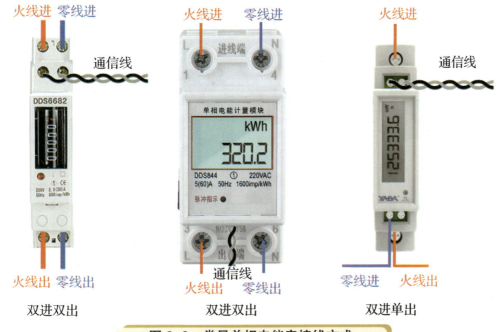

图 8-9　常见单相电能表接线方式

为保证电能表的接线准确，在电能表的侧面标签上通常会标注每个接线端子的作用或者直接标注接线图，可以通过接线图来获取准确接线方式。电能表侧面接线图如图 8-10 所示。

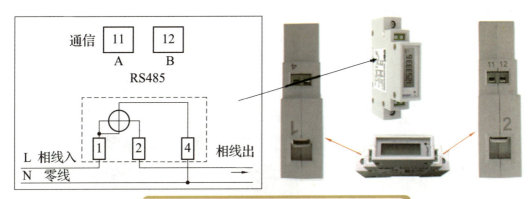

图 8-10　电能表侧面接线示意图

三相电能表通常为三相四线制，且为四进三出类型。由于三相充电桩功率较大，部分电能表不采用直接接入式而是使用互感接入的方式实现计量。两种接入方式对比如图 8-11 所示。

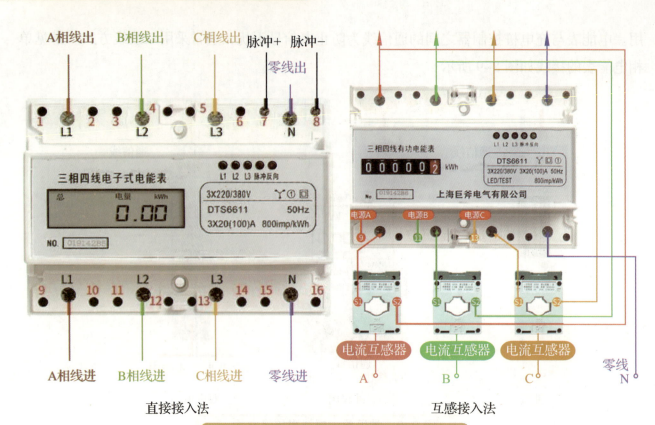

图 8-11 三相四线电能表两种接线方式

2. 安装方法

导轨式电能表在充电桩中的安装固定采用了国标导轨固定方式,其安装方法较为简单方便。其安装及轴向固定方式如图 8-12 所示。

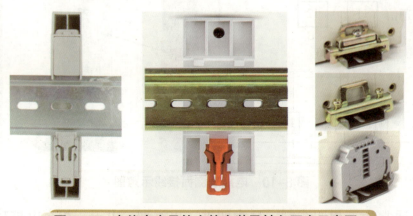

图 8-12 电能表在导轨上的安装及轴向固定示意图

实训步骤一

1. 电能表外观

图 8-13 所示为电能表外观。检查外观应无破损,屏幕无裂纹,参数与原配件一致,各部分齐全有效,螺钉十字口未损伤,固定卡扣动作正常。

2. 电能表通路检查

如图 8-14 所示，检查电能表对应相进线与出线之间的阻值，应小于 1 Ω 左右，否则说明电能表损坏。

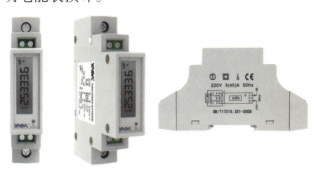

图 8-13　电能表外观

图 8-14　电能表通路检查

3. 电能表短路检查

检查电能表火线/零线进线与其他端子之间的阻值，应为 ∞ Ω 左右，否则说明电能表短路损坏。

实训步骤二

一、观察电能表信息

观察电能表信息，并填写表 8-1。

表 8-1　电能表信息

作业任务	作业内容
电能表型号	
电能表工作电压	
电能表相数路数	□单相单出　□单相双出　□三相三线　□三相四线
电能表零线、火线端子标识	
电能表通信线端子标识	
查看电路图，确认电能表通信端子与主控制器端子的对应关系	电能表通信端子_____对主控制器端子_____ 电能表通信端子_____对主控制器端子_____

二、现场感受任务描述中的故障现象

为充电桩设置相应故障,学员操作后观察故障现象,并填写表8-2。

表8-2 作业记录表

作业内容	显示内容可以用文字描述,也可以画出相应符号
打开充电桩电源,观察电能表的位置及接线	
电能表相线端子接线	
电能表通信线端子接线	
电能表背面固定卡扣解锁方式	
电能表导轨安装及轴向固定	
电能表火线进出端子之间电阻	
电能表零线进出端子之间电阻	

注:如为单相单出或三相三线电能表,则零线进出电子电阻无须检测。

评价反馈

完成以下习题:

1. 电能表正常时,火线进出两端子间电阻值应为( )。
   A. < 1 Ω   B. > 1 Ω   C. ∞ Ω   D. 120 Ω

2. 电能表正常时,火线输入端子与零线和通信端子间电阻值应为( )。
   A. < 1 Ω   B. > 1 Ω   C. ∞ Ω   D. 10 Ω

3. 电能表正常时,火线输出端子与零线和通信端子间电阻值应为( )。
   A. < 1 Ω   B. > 1 Ω   C. ∞ Ω   D. 10 Ω

4. 电能表正常时,零线端子与火线和通信端子间电阻值应为( )。
   A. < 1 Ω   B. > 1 Ω   C. ∞ Ω   D. 10 Ω

5. 电能表通信线为防止信号干扰,通常为( )。
   A. 同轴线   B. 护套线   C. 光纤   D. 双绞线

任务九
急停开关的原理、安装与检测

任务描述

一台交流充电桩，打开充电桩电源开关后，提示故障无法充电。客户反应打开电源开关后，充电桩故障指示灯一直闪烁。经调取充电桩显示屏的故障记录，其显示"急停开关动作"。经过检查后，发现急停开关被按下并锁止保护。解锁急停开关后，充电桩恢复正常，如图9-1所示。作为维修人员，应该如何确定急停开关状态是否正常呢？

图9-1 充电桩急停开关及故障警告灯

任务分析

充电桩作为高压电器，其工作电压为220 V或380 V，直流充电桩输出电压则更高。在充电桩出现安全问题时，应该第一时间停止充电并切断主电源。国标要求在充电桩上设置急停开关。

充电桩的急停开关设置在较为显眼且易于操作的位置，以便于工作人员第一时间找到开关并操作。

任务目标

（1）能够了解急停开关的基本结构。
（2）能够描述急停开关的作用及工作原理。
（3）能够了解急停开关的基本安装方法。
（4）能够掌握急停开关的检测方法。
（5）能够正确拆装急停开关。

学习条件

具备以下设备、设施及理论知识：
（1）交流 220 V 充电桩（壁挂式和立式均可，立式体积稍大更方便教学）。
（2）一体化教室（配备 220 V/16 A 和 220 V/10 A 插座）、急停开关。
（3）220 V 交流充电桩、多媒体教学系统、插电式新能源车辆、个人安全防护用品、安全警示标识、培训手册、教学视频、课件。
（4）基本理论知识。

注意事项

（1）严禁非专业人员对高压部件（橙色线束连接器件）进行移除及安装。
（2）未经过高压安全培训的维修人员，不允许接触交流电。
（3）元件就桩检查前，应确认断电。
（4）对元件拆装完成后，应在教师确认电路连接无误后方可上电，上电后用对应的试验按钮和复位按钮进行检查确认。

相关知识

在一些大中型机器设备或者电器上面，都可以看到醒目的红色按钮，标准的应该有标示与"紧急停止"含义相同的红色字体。在汽车维修行业中，如举升机、剪式举升机、空气压缩机、中央集尘干磨机等汽修设备上均能见到这种按钮，这种按钮可统称为急停按钮或急停开关。

急停开关只需直接向下压下，就可以快速地让整台设备立马停止或释放一些传动部位，要想再次启动设备必须释放此按钮，也就是顺时针方向旋转大约 45° 后松开，按下的按键部分就会弹起，也就是"释放"开关。急停开关的锁止与解锁操作如图 9-2 所示。

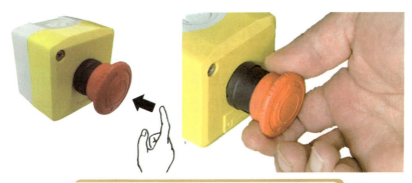

图 9-2　急停开关的锁止与解锁

一、急停开关的组成

急停开关是一种大按键开关，方便在紧急情况下快速切断电路。部分急停开关带有自锁机构，当按下后，需要旋转按键后才能解锁。常见用于急停功能的按键开关多为红色，其结构和工作原理与其他按键开关相同。常见急停开关的外形及符号如图 9-3 所示。

图 9-3　常见急停开关的外形及符号

急停开关由两部分组成，一部分是操作部分（由蘑菇头、固定环和底座组成），另一部分是触头，触头根据操作部分未按下时的状态分为常开触点（绿色）和常闭触点（红色），这两种触头根据电路结构的需求选用。急停开关的组成如图 9-4 所示。

图 9-4　急停开关的组成

二、急停开关的控制及类型

急停开关在充电桩中主要是通过控制接触器线圈电路的接通和断开来实现主电路的接通和断开,从而起到安全保护作用。按照控制位置的不同,急停开关在充电桩中主要有两种控制方式,一种是信号式,一种是直接控制式。

1. 信号式

信号式急停开关,其将开关信号直接给充电桩主控制器,当控制器接收到急停开关信号时,则立即断开交流接触器线圈电流或防止交流接触器线圈通电吸合,并点亮故障指示灯或在显示屏上显示相应故障信息。信号式急停开关电路如图9-5所示。

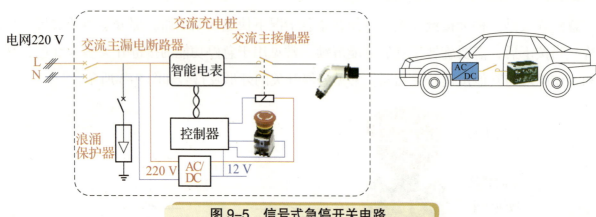

图 9-5 信号式急停开关电路

信号式急停控制方式,用急停开关的常开或者常闭触点均可,视控制器的编程逻辑不同而不同。

2. 直接控制式

直接控制式的急停开关,急停开关的常闭触点串联在接触器线圈的电路中。当按下急停开关后,常闭触点断开,切断接触器线圈电路,从而使接触器因为线圈失电而断开,切断充电桩主电路。直接控制式急停开关电路如图9-6所示。

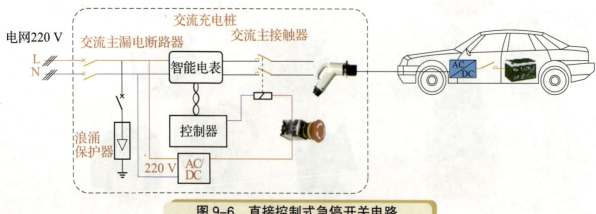

图 9-6 直接控制式急停开关电路

基于不同形式对急停开关的要求，急停开关的触点类似接触器触点，也分为常开型和常闭型两种。急停开关的常开和常闭是以开关未按下时的状态进行定义的，而接触器是以线圈未通电时状态定义的。常开触点与常闭触点两个位置关系如图9-7所示。

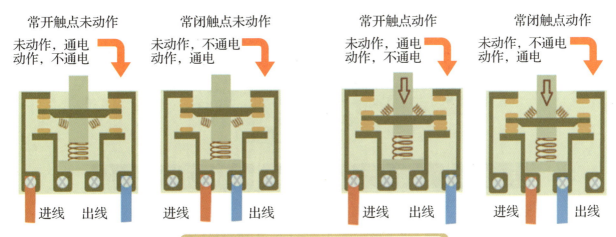

图9-7 急停开关触点两种位置状态

常开触点和常闭触点在充电桩中均有所使用，在选购时应加以注意。为了方便区分，通常会在触点塑料件上用颜色加以区分或者通过触点壳体的接线图进行区分。通常常开触点用绿色表示，常闭触点用红色表示。触头颜色及触头接线示意图如图9-8所示。

图9-8 急停开关触头两种类型及颜色标识
（a）常开触头；（b）常闭触头

很多急停开关为丰富开关功能，使其能够适应更多的场合，其触点触头可以采用组合模式，比如双常开、双常闭、双常开常闭、双常闭常开、一常开一常闭等模式，其组合都会在触头侧面的接线柱中标识出来，在选用过程中应加以注意。常见急停开关组合方式如图9-9所示。

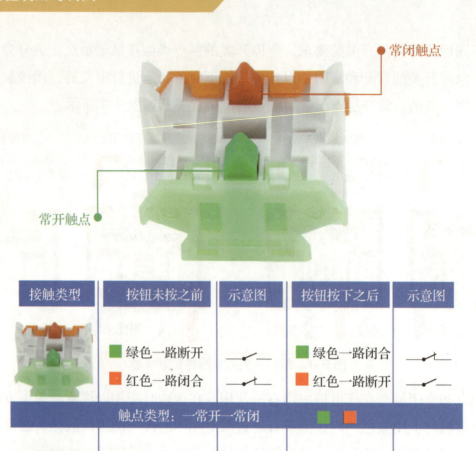

接触类型	按钮未按之前	示意图	按钮按下之后	示意图
	■ 绿色一路断开 ■ 红色一路闭合		■ 绿色一路闭合 ■ 红色一路断开	
触点类型：一常开一常闭				
	■ 绿色一路断开 ■ 绿色一路断开		■ 绿色一路闭合 ■ 绿色一路闭合	
触点类型：双常开				
	■ 红色一路闭合 ■ 红色一路闭合		■ 红色一路断开 ■ 红色一路断开	
触点类型：双常闭				

图 9-9 常见急停开关组合方式

三、安装方式

1. 组装方式

急停开关的组装有两种方式，一种是一体式，一种是分体式。一体式在安装时只需要把顶端的红色按钮取下，然后把固定螺母取下即可安装；分体式则需要将触头与控制部分分离后才可以安装。两种组装方式示意如图 9-10 所示。

任务九 急停开关的原理、安装与检测

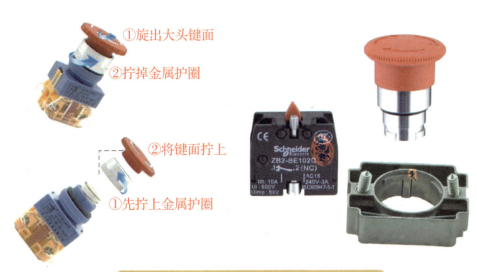

图 9-10 一体式和分体式急停开关的组装

2. 接线方式

急停开关的接线方式根据充电桩电路图而定，常见的接线方式有双常开或双常闭或一常开一常闭模式，具体接线方式如图 9-11 所示。

3. 安装方法

急停开关直接安装在充电桩柜体上，其通常靠开关座体上的螺纹或紧固螺钉与桩体连接实现。常见的两种结构如图 9-12 所示。

固定完成后，只有急停开关的蘑菇头露在外面，其他部位在充电桩柜体内部。急停开关的分解及安装如图 9-13 所示。

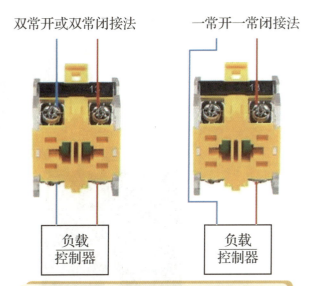

图 9-11 急停开关常见接线方式

图 9-12 急停开关桩体固定示意图

图 9-13 急停开关的分解及安装示意图

实训步骤一

1. 急停开关外观

图 9-14 所示为急停开关外观。检查外观应无破损，参数与原配件一致，按下锁止及解锁正常无卡滞，螺钉十字口未损伤，固定件齐全，侧面标识清晰。

图 9-14　急停开关外观

2. 急停开关触点通路检查

（1）如图 9-15 所示，在急停开关解锁（未按下）状态，检测触头两触点之间的阻值，常闭触点应小于 1Ω 左右，常开触点应为 ∞Ω，否则说明触点损坏。

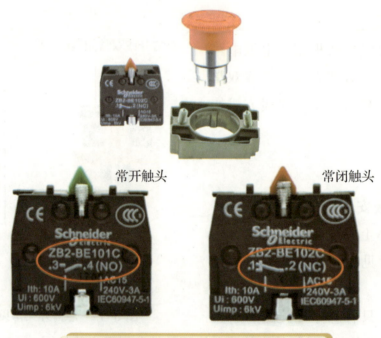

图 9-15　急停开关解锁状态

（2）如图 9-16 所示，在急停开关按下锁止（按下锁止）状态，检测触头两触点之间的阻值，常闭触点应为 ∞Ω 左右，常开触点应小于 1Ω，否则说明触点损坏。

图 9-16　急停开关锁止状态

实训步骤二

一、观察急停开关信息

观察急停开关信息，并填写表9-1。

表9-1 急停开关信息表

作业任务	作业内容
急停开关型号	
急停开关触点组数	
急停开关触点状态	□单常开　□单常闭　□双常开　□双常闭　□组合式
急停开关端子标识图及含义	
急停开关接线图	
查看电路图，确认急停开关端子与主控制器端子的对应关系	急停开关端子____对主控制器端子_____ 急停开关端子____对主控制器端子_____

二、现场感受任务描述中的故障现象

为充电桩设置相应故障，学员操作后观察故障现象，并填写表9-2。

表9-2 作业记录表

作业内容	显示内容可以用文字描述，也可以画出相应符号
打开充电桩电源，观察急停开关的位置及接线	
急停开关的锁止及解锁	
急停开关端子接线	
急停开关拆装	
急停开关万用表检测	

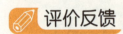

评价反馈

完成以下习题:

1. 急停开关触点符号为"___|___"时,表示触点为(　　)。
   A. 常开型　　　　B. 常闭型　　　　C. 一开一闭型　　　　D. 自锁型

2. 急停开关触点符号为"___|___",未按下时两端子间电阻值应为(　　)。
   A. ＜1 Ω　　　　B. ＞1 Ω　　　　C. ∞ Ω　　　　D. 10 Ω

3. 急停开关触点符号为"___/___"时,表示触点为(　　)。
   A. 常开型　　　　B. 常闭型　　　　C. 一开一闭型　　　　D. 自锁型

4. 急停开关触点符号为"___/___",未按下时两端子间电阻值应为(　　)。
   A. ＜1 Ω　　　　B. ＞1 Ω　　　　C. ∞ Ω　　　　D. 10 Ω

5. 急停开关触点符号为"___┤├___"时,表示触点为(　　)。
   A. 常开型　　　　B. 常闭型　　　　C. 一开一闭型　　　　D. 自锁型

任务十
门禁开关的原理、安装与检测

✏️ 任务描述

一台交流 380 V/11 kW 充电桩，打开充电桩电源开关后，提示故障无法充电。客户反应打开电源开关后，充电桩故障指示灯一直闪烁。经调取充电桩显示屏的故障记录，其显示"门禁开关动作"。经过检查，充电桩后盖缺失两颗固定螺栓，导致充电桩门禁开关始终接通。重新匹配两颗固定螺栓，将充电桩后盖安装到位之后，充电桩工作恢复正常。作为维修人员，应该如何确定门禁开关状态是否正常呢？

✏️ 任务分析

门禁开关在部分大功率充电桩中常见，其目的是防止充电过程中充电桩柜体盖被打开造成人身安全事故。门禁开关通常也称为开盖保护开关，在新能源汽车的电机控制器、车载充电机等控制单元内部，通常也会设置这种互锁开关，当系统检测到开盖开关动作时，禁止系统上电，用于防止在开盖情况下上电造成危险。

其实这种开关就是一个行程开关，类似我们家用冰箱门中的灯光开关，与汽车车门未关报警开关工作原理也是一样的，其结构较为简单，如图10-1所示。

部分新能源汽车，对于驾驶员座位车门未关、充电口盖未关、充电枪连接等情况，会设置相应的禁行（禁止车辆行驶）功能，这都属于安全保护装置的范畴。很多时候车辆的故障，也可能是这些安全保障功能的故障导致，所以应该了解安全保护控制功能，以便于快速锁定故障部位。

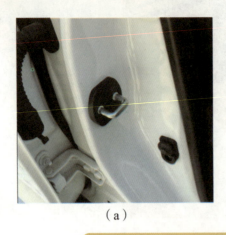

（a） （b）

图 10-1 车门未关和冰箱灯光开关
（a）车门未关开关；（b）冰箱灯光开关

任务目标

（1）能够了解门禁开关的基本结构。
（2）能够描述门禁开关的作用及工作原理。
（3）能够了解门禁开关的基本安装方法。
（4）能够掌握门禁开关的检测方法。
（5）能够正确拆装门禁开关。

学习条件

具备以下设备、设施及理论知识：
（1）交流 220 V 充电桩（壁挂式和立式均可，立式体积稍大更方便教学）。
（2）一体化教室（配备 220 V/16 A 和 220 V/10 A 插座）、门禁开关。
（3）220 V 交流充电桩、多媒体教学系统、插电式新能源车辆、个人安全防护用品、安全警示标识、培训手册、教学视频、课件。
（4）基本理论知识。

注意事项

（1）严禁非专业人员对高压部件（橙色线束连接器件）进行移除及安装。
（2）未经过高压安全培训的维修人员，不允许接触交流电。
（3）元件就桩检查前，应确认断电。
（4）对元件拆装完成后，应在教师确认电路连接无误后方可上电，上电后用对应的试验按钮和复位按钮进行检查确认。

相关知识

门禁开关实际上就是原来的开盖保护开关,它的作用是在充电桩检修盖打开后将开盖信息传递至充电控制器,防止充电桩在检修盖未盖好的情况下上电导致安全事故的发生,与急停开关一样,是充电桩控制中保护系统的一部分。

在新能源汽车中,类似这种门禁开关有很多种类,包括充电口盖未关防护、充电枪连接防护、主驾驶车门未关防护、电机控制器开盖保护、车载充电机开盖保护等。在充电口盖未关防护、充电枪连接防护、主驾驶车门未关防护中,其检测到该信息后将阻止车辆行驶,以防安全事故。在电机控制器开盖保护、车载充电机开盖保护中,其将该信息纳入高压互锁中,防止开盖情况下动力电池上电。充电桩中的门禁开关,在充电桩检修盖打开时,会通过主控制器防止接触器吸合,确保开盖情况下无法充电。

门禁开关同急停开关一样,都是控制充电桩接触器线圈电流的通断来达到保护功能的。门禁开关按照接入电路位置的不同,也分为信号式和直接控制式两种。信号式门禁开关向充电桩控制器发送信号,控制器则控制充电桩接触器不吸合;而直接控制式则直接串入接触器线圈电路,当其断开时接触器不能吸合。

一、门禁开关

门禁开关是行程(微动)开关的一种用法,其安装在充电桩桩体上。当充电桩检修盖完全安装到位时,该开关是一种接通或断开状态,当充电桩检修盖未安装到位时,其状态信号会传递至充电桩控制器或切断充电桩接触器线圈控制电路。常见门禁开关的外形及符号如图10-2所示。

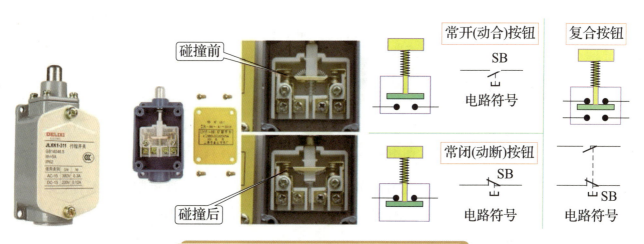

图 10-2 常见门禁(行程)开关的外形及符号

门禁开关除了用上面的行程开关外,在很多小型充电桩中也常常使用微动开关(小型的行程开关)。微动开关在汽车中应用较多,如中控门锁、发动机舱盖、换挡手柄等,其结构原理与行程开关一样，不过其动作范围小一些。常见的行程开关与微动开关如图10-3所示。

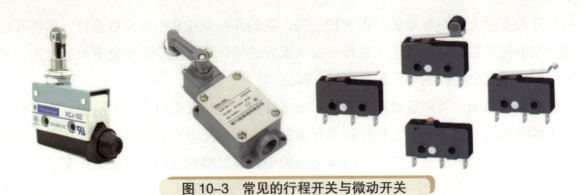

图10-3 常见的行程开关与微动开关

二、门禁开关的控制及类型

门禁开关在充电桩中主要是通过控制接触器线圈电路的接通和断开来实现充电桩主电路的接通和断开，从而实现安全保护作用。按照控制位置的不同，门禁开关在充电桩中主要有两种控制方式，一种是信号式，一种是直接控制式。

1. 信号式

信号式门禁开关，其将开关信号直接传给充电桩主控制器，当控制器接收到门禁开启开关信号时，则立即断开交流接触器线圈电路以防止交流接触器吸合，并点亮故障指示灯或在显示屏上显示相应故障信息。信号式门禁开关电路如图10-4所示。

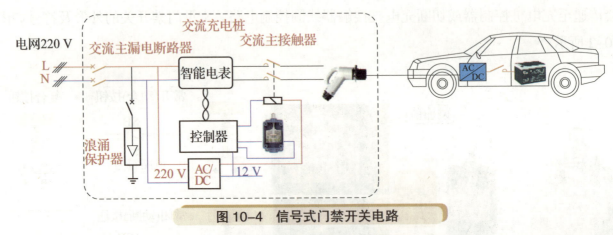

图10-4 信号式门禁开关电路

信号式门禁开关控制方式，用开关的常开或者常闭触点均可，视控制器的编程逻辑不同而不同。它只要检测到门禁开关动作状态的变化即可，其检测原理类似冰箱内照明灯的控制原理，如图10-5所示。

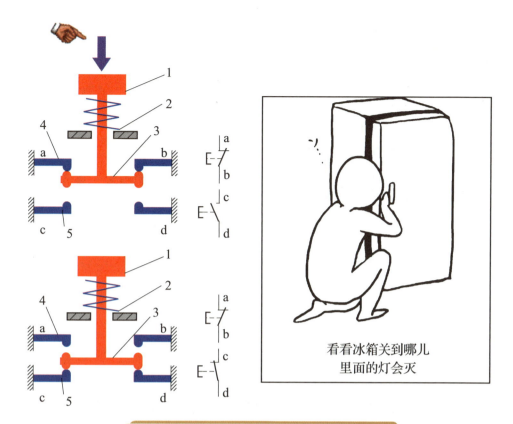

图 10-5　门禁开关检测原理

1—衔铁；2—弹簧；3—动触点；4—静触点（常闭）；5—静触点（常开）

2. 直接控制式

直接控制式门禁开关，其常闭触点串联在接触器线圈的电路中。当按下门禁开关后，常闭触点断开，切断接触器线圈电路，使接触器因为线圈失电而断开，从而切断充电桩主电路。直接控制式门禁开关电路如图 10-6 所示。

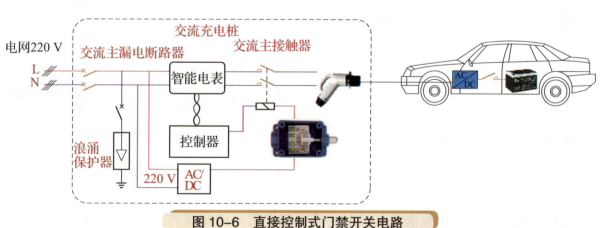

图 10-6　直接控制式门禁开关电路

基于不同形式对门禁开关的要求，门禁开关的触点类似接触器触点，也分为常开型和常闭型两种。门禁开关的常开和常闭是以开关未按下时的状态进行定义的，而接触器是以线圈未通电时状态定义的。常开触点与常闭触点两个位置关系如图 10-7 所示。

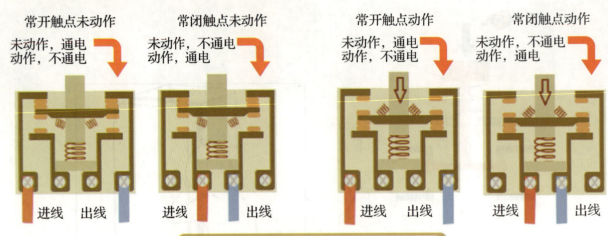

图 10-7　门禁开关触点两种位置状态

三、安装方式

1. 拆装调整方式

门禁开关在充电桩上采用螺栓固定，只需按照开关的固定孔与桩体的安装孔对应固定即可。其安装孔及固定螺栓如图 10-8 所示。

部分门禁开关碰撞的头部带有可调装置，通过调整可以调节充电桩检修盖与开关的接触位置。常见门禁开关的调整方式示意如图 10-9 所示。

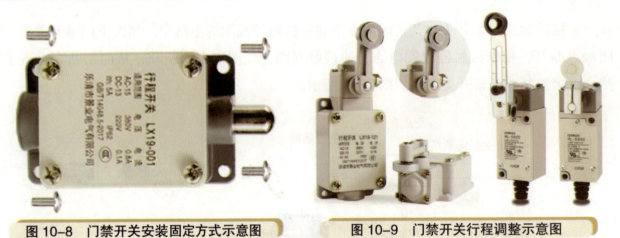

图 10-8　门禁开关安装固定方式示意图　　　图 10-9　门禁开关行程调整示意图

2. 接线方式

门禁开关的接线方式根据充电桩电路图而定，常见的接线方式有常开式、常闭式两种，具体接线方式如图 10-10 所示。

3. 安装方法

门禁开关直接安装在充电桩柜体上，其安装后需要检查按下和未按下两种状态下，开关常开和常闭端子之间的导通情况，其必须能够准确反应开关的动作状态。

实训步骤一

1. 门禁开关外观

检查外观应无破损，参数与原配件一致，各部分齐全有效，螺钉十字口未损伤，固定卡扣动作正常。

2. 门禁开关电路检查

检查门禁开关常闭触点在未按下和按下两种状态下，两端子之间的阻值，应分别为 < 1 Ω 与 ∞ Ω，否则说明开关触点损坏。

3. 门禁开关通路检查

检查门禁开关的常开触点在未按下和按下两种状态下，两端子之间的阻值，应分别为 ∞ Ω 与 < 1 Ω，否则说明开关触点损坏。

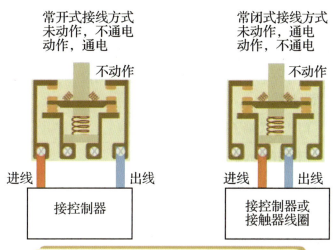

图 10-10 门禁开关常见接线方式

实训步骤二

一、观察门禁开关信息

观察门禁开关信息，并填写表 10-1。

表 10-1 门禁开关信息表

作业任务	作业内容
门禁开关型号	
门禁开关动作类型	□动开式 □动断式 □组合式
门禁开关碰撞头类型	□直动式 □滚轮式 □微动式
门禁开关端子标识	□常开触点标识 □常闭触点标识

二、现场感受任务描述中的故障现象

为充电桩设置相应故障，学员操作后观察故障现象，并填写表 10-2。

表 10-2 作业记录表

作业内容	显示内容可以用文字描述，也可以画出相应符号
打开充电桩电源，观察接门禁开关的位置及接线	
门禁开关端子接线	
门禁开关固定方式	
门禁开关接线图	
查看电路图，确认门禁开关端子与主控制器或接触器端子的对应关系	门禁开关端子____对_____端子 门禁开关端子____对_____端子

评价反馈

完成以下习题：

1. 门禁开关触点符号为"＿╱＿"时，表示触点为（　　）。
   A. 常开型　　　　B. 常闭型　　　　C. 一开一闭型　　　　D. 自锁型

2. 门禁开关触点符号为"＿╱＿"，未按下时两端子间电阻值应为（　　）。
   A. <1Ω　　　　B. >1Ω　　　　C. ∞Ω　　　　D. 10Ω

3. 门禁开关触点符号为"＿╱＿"，未按下时两端子间电阻值应为（　　）。
   A. <1Ω　　　　B. >1Ω　　　　C. ∞Ω　　　　D. 10Ω

4. 门禁开关触点符号为"＿╱＿"时，表示触点为（　　）。
   A. 常开型　　　　B. 常闭型　　　　C. 一开一闭型　　　　D. 自锁型

任务十一

充电枪的原理、安装与检测

任务描述

一台交流 220 V/3.5 kW 充电桩,连接车辆后,车辆仪表盘不显示连接符号,如图 11-1 所示。

客户反应插充电枪后,仪表盘不显示连接符号,车辆也无法充电。经检测为充电枪解锁按钮下方的微动开关损坏,导致充电枪充电连接 CC 线至 PE 线间开路。微动开关位置如图 11-2 所示。修复故障后,充电桩工作恢复正常。作为维修人员,应该如何确定充电枪状态是否正常呢?

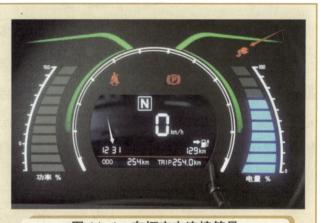

图 11-1 车辆充电连接符号

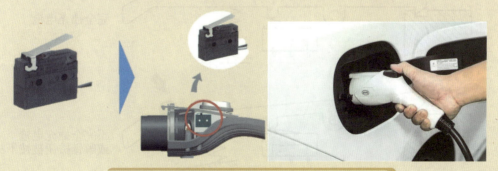

图 11-2 充电枪解锁按钮及内部微动开关位置

任务分析

充电枪是充电桩与车辆之间的连接器,连接在充电桩上的是充电枪,安装在车上的是充电插座。充电枪与车辆充电插座连接后,车辆的车载充电机和充电桩需要进行通信,在确认充电枪与充电插座完全连接到位、充电枪供电功率、充电枪接地等信息以后,充电桩才会接通充电桩内的接触器,从而确保充电系统安全运行。在充电枪手柄外部,有一个解锁按钮,其在充电枪未插入和完全插入时,按钮处于弹出状态,当需要拔出充电枪时,需要按下解锁按钮后才能拔出。其机械锁止如图11-3所示。

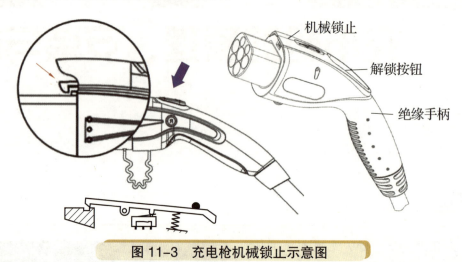

图11-3　充电枪机械锁止示意图

在解锁按钮下方,有一个微动开关用于检测按钮是弹起还是未弹起两种状态,当解锁按钮完全弹起时,说明充电枪未连接或完全连接到位;当解锁按钮未弹起时,则说明充电枪未完全连接到位或解锁按钮被按下。三种状态通过微动开关的接通和关闭状态传递给充电桩控制器,控制器据此判断充电枪的连接与否。其工作原理如图11-4所示。

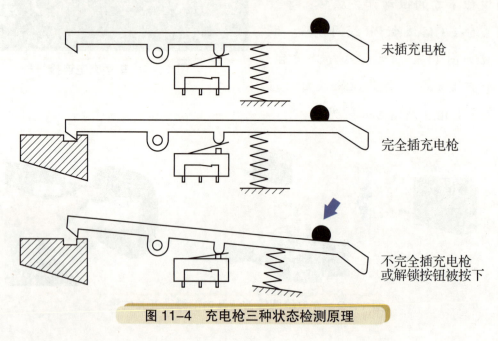

图11-4　充电枪三种状态检测原理

当充电桩控制器检测到充电枪未完全插入时,其阻止充电桩接触器吸合,系统无法充电,同时车辆仪表盘也不显示充电枪连接符号。在充电过程中,充电桩检测到解锁按钮被按下时,其立即切断接触器的吸合,防止充电过程中拔插造成充电枪与充电插座触电烧蚀。

任务目标

（1）能够了解充电枪的基本结构。
（2）能够描述充电枪的作用及工作原理。
（3）能够了解充电枪的基本连接方法。
（4）能够掌握充电枪的检测方法。
（5）能够正确连接充电枪。

学习条件

具备以下设备、设施及理论知识：
（1）交流 220 V 充电桩（壁挂式和立式均可，立式体积稍大更方便教学）。
（2）一体化教室（配备 220 V/16 A 和 220 V/10 A 插座）。
（3）220 V 交流充电桩、多媒体教学系统、插电式新能源车辆、个人安全防护用品、安全警示标识、培训手册、教学视频、课件。
（4）基本理论知识。

注意事项

（1）严禁非专业人员对高压部件（橙色线束连接器件）进行移除及安装。
（2）未经过高压安全培训的维修人员，不允许接触交流电。
（3）元件就桩检查前，应确认断电。
（4）对元件拆装完成后，应在教师确认电路连接无误后方可上电，上电后用对应的试验按钮和复位按钮进行检查确认。

相关知识

充电枪为充电桩与车辆连接的插接器，国标充电枪有交流充电枪和直流充电枪两种，两种充电枪的接口尺寸为国标规定。充电接口应有锁止功能，用于充电过程中发生意外时方便断开。充电枪在锁止状态下，施加 200 N 的力拔出时，连接不应断开，且锁止装置不得损坏。交流充电接口的额定电压不超过 440 V（AC），频率为 50 Hz、额定电流不超过 63 A（AC）；适用于充电模式 4 及连接方式 C 的车辆接口，其额定电压不超过 1 000 V（DC）、额定电流不超过 250 A（DC）。

一、充电枪及电缆

充电枪是充电桩或便携式充电器与车辆的连接元件，根据充电速度不同，有交流充电口和直流充电口两种。两种充电枪的尺寸为国标尺寸，属于通用件，最大区别就是充电枪的供电功率不同，在选用时应根据充电桩功率选择匹配功率的充电枪。两种充电枪所对应的充电插座如图 11-5 所示。

充电枪通过充电电缆与充电桩连接，根据充电枪电压和功率不同，充电电缆也不同。

图 11-5 直流充电与交流充电插座接口

1. 交流充电枪

交流充电枪分 220 V 和 380 V 两种，两种充电枪都是为国标七孔充电枪，其将电网的 220 V 或 380 V 电压直接输送至车辆的车载充电机，由车载充电机将交流电变为动力电池所需高压直流电为动力电池充电。交流充电枪每个接口的定义为国标规定，每个插脚的功能通常会在充电枪上标注出来。交流充电枪接口形状及各接口的功能如图 11-6 所示。

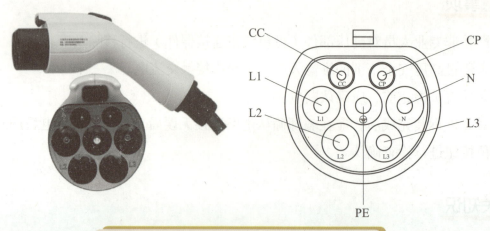

图 11-6 交流充电枪接口形状及各接口定义

在七个端子中，PE 端子最长，CC 和 CP 端子最短。其目的是保证在充电枪连接过程中，接地线首先与车辆连接，以保证车身壳体与接地线等电位，防止漏电造成人身安全事故。CC 端子用于充电连接确认，CP 端子用于控制引导，其只有在充电枪完全插入充电插座后才能接触，以保证充电枪的充分连接。各端子的作用及长度如图 11-7 所示。

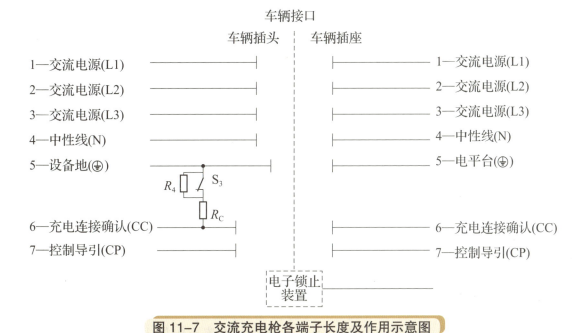

图 11-7 交流充电枪各端子长度及作用示意图

对于 L1、L2、L3 和 N 四个端子，在 220 V 充电枪中，只用 L1（火线）和 N（零线），其工作电压为单相 220 V 电压。所以 220 V 充电枪对应的充电电缆是五根线。220 V 交流充电接口如图 11-8 所示。

在 380 V 充电桩中，L1、L2、L3 接三相电中的 U、V、W 三相火线，N 接零线。故 220 V 充电枪的七孔只用五孔，L2 和 L3 两个孔为空位或插针上没有导体，380 V 充电枪七个孔位全部使用。380 V 充电枪、充电插座及电缆如图 11-9 所示。

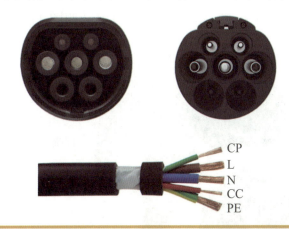

图 11-8 220 V 交流充电枪插头、插座及充电电缆

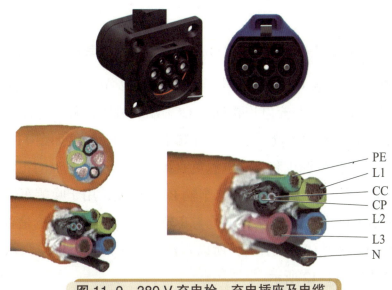

图 11-9 380 V 充电枪、充电插座及电缆

两种充电枪虽然电压不同,但尺寸完全一致。不过在使用过程中,不必担心用错,因为220 V 车辆配备的充电插座 L2 和 L3 为空位,即便插上 380 V 充电枪,实际进入车载充电机的仍然是一根火线和一根零线之间的 220 V 电压。部分车辆的车载充电机能够通用 220 V 和 380 V 电压,则两种充电枪均可以使用。

2. 直流充电枪及电缆

直流充电枪是直流充电桩与车辆连接的元件。直流充电枪的枪口为国标九孔充电插头,其将充电桩产生的与车辆动力电池匹配的高压直流电直接输送给车辆动力电池,充电速度较快。

由于不同车辆动力电池的电压不同,所以直流充电桩需要根据车辆动力电池的电压来调节充电枪输出电压,这就需要充电桩能够识别被充电车辆动力电池的电压及荷电状态,所以在直流充电桩中增加两根 CAN 通信线,用于充电桩与车辆电池管理系统 BMS 之间通信。另外,直流充电时由于不需要车载充电机的接入,所以在直流充电枪上增设两根 12 V 电源线,用于直流充电时唤醒车辆上必要的控制系统(电池管理系统、整车控制系统、仪表板等)。直流充电枪接口形状及各接口定义如图 11-10 所示。

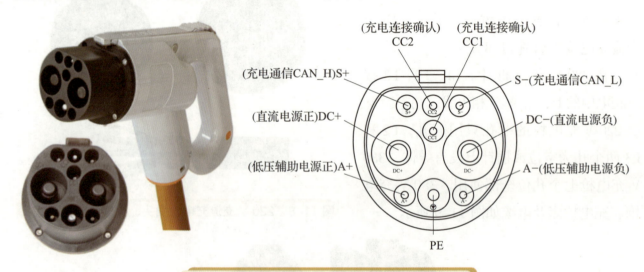

图 11-10 直流充电枪接口形状及各接口定义

直流充电接口中,设备地(PE)与充电连接确认 CC2 端子最长,确保在充电枪连接过程中首先连接,充电通信 CAN 与充电连接确认 CC1 端子最短,其只有在充电枪完全插入充电插座后才能接触,以保证充电枪充分连接。各端子的作用及长度如图 11-11 所示。

在直流充电桩中,直流电源正和直流电源负直接与车辆动力电池的正负极连接,为电池直接充电;低压辅助电源、充电通信 CAN 与车辆 BMS 连接,用于唤醒车辆模块及确认电池电压和荷电状态;连接确认线用于确认充电枪与车辆连接状态及充电枪是否完全插入。由于充电连接确认 CC2 从设备地(PE)引出,所以直流充电枪的充电电缆为八根线。直流充电枪、充电插座及电缆如图 11-12 所示。

任务十一　充电枪的原理、安装与检测

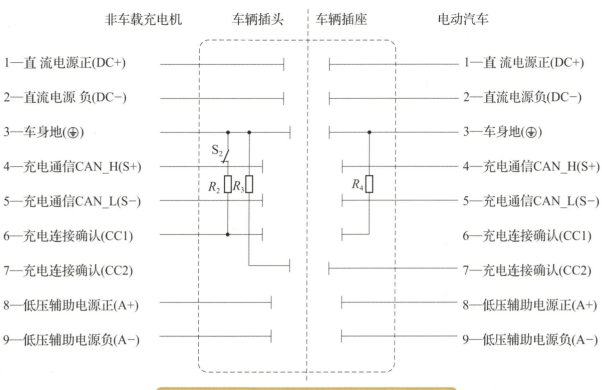

图 11-11　直流充电枪各端子长度及作用示意图

图 11-12　直流充电枪、充电插座及电缆

3. 充电枪的功率

不同充电桩其输出功率不同，对应充电枪的连接电缆也不同。车辆充电时，车载充电机通过充电连接确认 CC 线路与充电桩通信，确认该充电桩的输出功率，并以此确定充电机的接收功率大小。其检测方式通常是以充电枪 CC 与 PE 端子之间的电阻值来确定的，该电阻值为国标值。每个电阻值对应充电枪功率如表 11-1 所示。

表 11-1　车辆充电接口功率与电阻对应关系

状态	R_C	R_4	S_3	车辆接口连接状态及额定电流
状态 A	—	—	—	车辆接口未完全连接
状态 B	—	—	断开	机械锁止装置处于解锁状态

续表

状态	R_C	R_4	S_3	车辆接口连接状态及额定电流
状态 C	1.5 kΩ/0.5 W[a]	—	闭合	车辆接口已完全连接，充电电缆容量为 10 A
状态 C'	1.5 kΩ/0.5 W[a]	1.8 kΩ/0.5 W[b]	断开	车辆接口处于半连接状态
状态 D	680 kΩ/0.5 W[a]	—	闭合	车辆接口已完全连接，充电电缆容量为 16 A
状态 D'	680 kΩ/0.5 W[a]	2.7 kΩ/0.5 W[b]	断开	车辆接口处于半连接状态
状态 E	220 kΩ/0.5 W[a]	—	闭合	车辆接口已完全连接，充电电缆容量为 32 A
状态 E'	220 kΩ/0.5 W[a]	3.3 kΩ/0.5 W[b]	断开	车辆接口处于半连接状态
状态 F	100 kΩ/0.5 W[a]	—	闭合	车辆接口已完全连接，充电电缆容量为 63 A
状态 F'	100 kΩ/0.5 W[a]	3.3 kΩ/0.5 W[b]	断开	车辆接口处于半连接状态

注：a、b 中电阻 R_C、R_4 的精度为 ±3%。

通常情况下，普通交流充电枪功率与电阻值对应关系为：1.5 kΩ↔10 A；680 Ω↔16 A；220 Ω↔32 A；100 Ω↔63 A。

4. 充电枪电子锁

充电枪电子锁俗称强锁，为新国标要求车辆充电插座配备的装置，在交流充电枪和直流充电枪中均有。电子锁防止车辆在锁车充电过程中充电枪被意外拔出造成安全事故。充电枪电子锁安装在车辆充电插座内部，在车辆充电过程中电子锁会将充电枪锁止，只有在车辆解锁条件下并且按下充电枪解锁按钮，充电枪方可拔出。为防止电子锁故障或因冰冻导致电子锁卡滞，电子锁会设置一个机械解锁拉手，用于应急解锁。应急解锁通常位于该充电口周边（一般前机舱或后备厢）。车辆充电插座电子锁如图 11-13 所示。

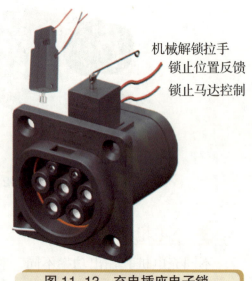

图 11-13 充电插座电子锁

二、安装方式

1. 拆装安装方式

220 V 交流充电枪的火线与零线接充电桩接触器的输出，PE 线接充电桩壳体接地端，CC 与 CP 线接充电桩控制器。

380 V 交流充电枪的三根火线和零线接充电桩接触器输出，PE 线接充电桩壳体接地端，CC 与 CP 线接充电桩控制器。

直流充电枪DC+与DC-线接充电桩接触器的输出，PE线接充电桩壳体接地端，A+、A-、CAN_H、CAN_L、CC1接充电桩控制器。

2. 接线方式

充电枪的接线方式与每根线的承载电流有关，承载充电大电流的线路及接地通常采用直接压接的接线形式；信号电路则采用压接或插接形式。

大功率电线采用压接形式，对于多芯软线需要附加管型冷压端子并用压线钳压紧后再与供电设备压接，单芯硬线可直接采用压接形式。大功率电线接线方式如图11-14所示。

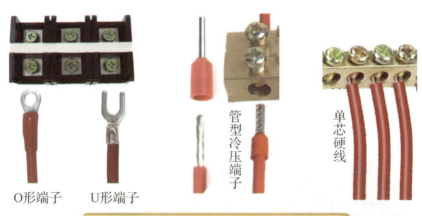

图11-14 大功率电线的接线方式

小功率线路则多采用压接或直插形式的安装，以便提升安装效率。小功率线路线芯截面积多在1.5 mm^{2}以下，且为多芯软线，多用于小电流电路或信号电路，软线线头部位需压接管型冷压端子。常见的小功率线路接线方式如图11-15所示。

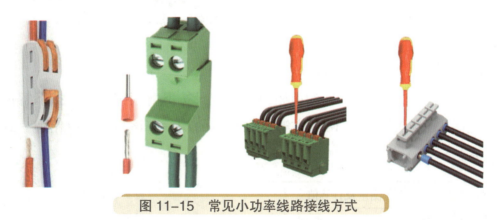

图11-15 常见小功率线路接线方式

实训步骤一

1. 充电枪外观

图11-16所示为充电枪外观。检查外观应无破损，参数与原配件一致，解锁按钮灵活无卡滞，各线路外观及接线端子无损伤，充电枪防尘盖正常。

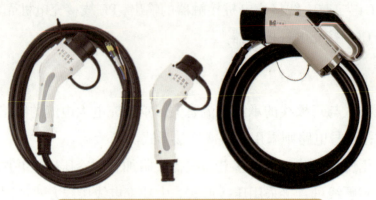

图 11-16　充电枪外观

2. 充电枪电路检查

如图 11-17 所示，检查充电枪端子与对应线束端子之间的导通性，电阻值应小于 1 Ω，否则说明充电枪或充电电缆损坏。

图 11-17　充电枪端子与对应线束端子

注：220 V 单相充电枪内无 L2 和 L3 端子，或该端子为纯塑料端子，相应的充电电缆内也没有 L2 和 L3 线。

3. 测量充电枪功率

检测充电枪 CC 与 PE 端子之间的电阻值，并记录按下解锁按钮和未按下解锁按钮时的阻值数值（见图 11-18），图 11-18 的左边表中对应的功率应该与充电枪铭牌一致，否则说明充电枪损坏。

操作状态	测量及计算值
未按下解锁按键	CC 与 PE 间阻值：
按下解锁按键	CC 与 PE 间阻值：
铭牌参数	＿＿＿V ＿＿＿A
计算功率	＿＿＿V ＿＿＿A
是否一致	

TYPE:DSS-EV-16P-V3
SPEC:16A 240V AC 3S

图 11-18　测量充电枪功率并检查充电枪

实训步骤二

一、观察充电枪信息

观察充电枪信息，并填写表11-2。

表 11-2　充电枪信息表

作业任务	作业内容
充电枪类型	□交流 220 V　□交流 380 V　□直流
充电枪孔数	□七孔空两孔　□七孔　□九孔
充电枪参数	____V ____A
充电枪电缆	□五芯　□七芯　□八芯　□九芯
充电枪解锁按钮	

二、现场感受任务描述中的故障现象

为充电枪设置相应故障，学员操作后观察故障现象，并填写表11-3。

表 11-3　作业记录表

作业内容	显示内容可以用文字描述，也可以画出相应符号
观察充电枪并从充电桩上进行装拆	
拆卸充电枪接线端子	
拆卸充电枪	
测量充电枪数据	
安装充电枪	
连接充电枪接线端子	
查看电路图，确认充电枪端子与主控制器或接触器端子的对应关系	充电枪端子_____对_____端子 充电枪端子_____对_____端子 充电枪端子_____对_____端子 充电枪端子_____对_____端子 充电枪端子_____对_____端子 充电枪端子_____对_____端子 充电枪端子_____对_____端子 充电枪端子_____对_____端子 充电枪端子_____对_____端子
未按下解锁按键	CC 与 PE 间阻值：
按下解锁按键	CC 与 PE 间阻值：

评价反馈

完成以下习题:

1. 220 V 交流充电枪的孔数为( )。
   A. 五孔　　　B. 七孔　　　C. 八孔　　　D. 九孔

2. 380 V 交流充电枪的孔数为( )。
   A. 五孔　　　B. 七孔　　　C. 八孔　　　D. 九孔

3. 直流充电枪的孔数为( )。
   A. 五孔　　　B. 七孔　　　C. 八孔　　　D. 九孔

4. 220 V/10 A 充电枪，未按下解锁按键时，CC 与 PE 端子间电阻值应为( )。
   A. 1.5 kΩ　　B. 680 Ω　　C. 220 Ω　　D. 15 kΩ

5. 220 V/10 A 充电枪，其功率计算值为( )。
   A. 2.2 kW　　B. 4.4 kW　　C. 3.5 kW　　D. 22 kW

6. 直流充电枪的充电电缆，其内部线芯数目为( )。
   A. 五根　　　B. 七根　　　C. 八根　　　D. 九根

7. 220 V 交流充电枪的充电电缆，其内部线芯数目为( )。
   A. 五根　　　B. 七根　　　C. 八根　　　D. 九根

8. 380 V 交流充电枪的充电电缆，其内部线芯数目为( )。
   A. 五根　　　B. 七根　　　C. 八根　　　D. 九根

9. 测量充电枪 CC 与 PE 端子之间的电阻值，按下充电枪解锁按钮，阻值( )。
   A. 变大　　　B. 变小　　　C. 不确定　　D. 不变

任务十二

充电桩的装配

2019年全国职业院校技能大赛，充电设备装配与调试任务所用的充电桩为深圳风向标教育资源股份有限公司生产，其采用新国标 220 V/7 kW 充电桩，并配备模拟负载，用于检验充电桩的带载能力。如图 12-1 所示为充电桩及负载。

图 12-1 充电桩及负载

一、充电桩的基本概述

充电设备装配与调试智能实训台，是选用新国标 7 kW 交流柜式充电桩和充电桩专用测试负载箱组成，专为培养充电桩装配调试及售后维修技术人员研发，充电桩具有可反复拆卸装配功能，所有配件可进行快速定位、组装、调试，操作简单、效率高、充电桩和和负载箱配合使用，具备充电测试功能，可自动检验装配的正确性。充电桩底部经过强化加固增强稳定性，学员通过充电桩的装配调试练习，掌握交流充电桩核心零部件之间的连接控制关系；培养学员对交流充电桩的装配调试能力以及故障分析和处理能力。该实训台适用于中高等职业技术院校、普通教育类学院和培训机构对交流充电桩的装配调试和维护实训的教学需要。

1. 充电桩的功能特点

（1）采用 7.5 kW 新国标柜式充电桩，内部配件及线材均选用知名品牌原装配件。

（2）充电桩内部的所有配件均可进行反复安装调试。

（3）充电桩完成连线及调试后，充电桩插头连接配套负载箱的国标交流充电插座车辆端，可快速判断充电桩是否装配正确。

（4）充电桩有完善的安全保护功能，具有输入侧过压、欠压保护，输出侧过压、过流保护，过温、短路、漏电、防雷等保护功能。

（5）充电桩正面的人机界面可动态显示实时的充电电压、充电电流、充电电量、充电时间等信息。

（6）具有充电、急停按钮开关、连接确认检测、充电开门检测、充电枪锁止、充电温度检测等功能，全方位保证充电安全。

（7）充电桩采用钣金制作，颜色美观大方；转角采用圆弧设计，安全可靠。

（8）配套详细的装配与检修操作细则，完整描述交流充电桩装配、调试、检验工序等要点。

（9）充电桩配有详细的电路原理图，便于器件连线及查找故障。

2. 充电桩的技术参数

（1）外形尺寸（mm）：750×500×1600（长×宽×高，充电桩）；600×750×960（长×宽×高，负载箱）。

（2）输入电源：AC 220 V ± 15%，50 Hz。

（3）系统支持：在线更新。

（4）输出：

输出额定电压：AC 220 V ± 15%，50 Hz；

输出额定功率：7 kW；

输出额定电流：32 A；

过流保护：35.2 A。

（5）过压保护：≥ 264 V（AC）；

欠压保护：≤ 176 V（AC）；

漏电保护动作电流：30 mA；

电能表 2.0 级多功能交流电能表。

（6）工作环境：

温度：−20 ~ +50 ℃；

相对湿度：5% ~ 95%；

海拔高度：≤ 1 000 m。

（7）防护等级：IP54。

（8）寿命：10 000 次。

（9）充电方式：刷卡/APP。

（10）负载箱：220 V，7 kW，32 A。

3. 实训目的

（1）了解交流充电桩的结构原理。

（2）了解交流充电桩主要零部件的功能。

（3）掌握充电桩线束和配件的选用方法。

（4）掌握电源线的选配、冷压接线端子选配和压接工艺。

（5）掌握线束连接正确性的测试方法。

（6）掌握充电桩绝缘阻值的测量方法。

（7）掌握 L 线和 N 线的判别方法。

（8）掌握 PE 接地电阻值测量方法。

（9）掌握漏电保护模块的安装方法。

（10）掌握防雷器模块的安装方法。

（11）掌握电能表的安装方法。

（12）掌握系统的初始设置方法。

（13）掌握充电桩内部保护防护机制和原理。

（14）明确交流充电桩装配调试操作安全注意事项。

（15）明确直流充电桩装配调试操作安全注意事项。

（16）掌握充电桩装配调试与维修方法。

（17）掌握交流充电桩充电操作和测试过程。

4. 基本配置

充电桩桩体、漏电保护开关、交流接触器、电源板、控制板组件、LED 灯板、急停开关、LCD 显示屏、计量电表、刷卡模块、以太网模块或 4G 模块（选配）以及充电枪等。

二、充电设备装配与调试智能实训台认知和使用方法

充电设备装配与调试智能实训台主要零部件安装分布结构如图 12-2 所示。

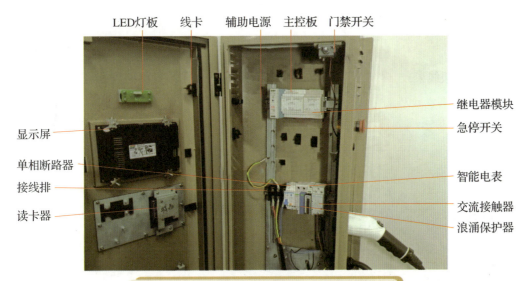

图 12-2 实训台主要零部件安装分布结构

配件展示如表 12-1 所示。

表 12-1 配件展示

序号	配件名称	配件简介	图片
1	国标充电枪	七孔充电枪，充电电缆带温度传感器	
2	接线排	用于实现入桩线与充电桩的快速连接	
3	门禁开关线束模块	限位开关，检测箱门是否关闭到位	
4	急停开关线束模块	急停开关，用于紧急情况下切断充电桩充电	
5	LED 灯板线束	连接 LED 灯板与主控板之间线束	
6	PE 线束	接地线束，接线端带有线鼻，用于接地螺母压紧	

续表

序号	配件名称	配件简介	图片
7	L线跨接线束	火线线束，用于连接火线，连接元器件	
8	N线跨接线束	零线线束，用于连接零线，连接元器件	
9	辅助继电器线束及插头	用于连接辅助继电器与主控板	
10	低压电源通信线束	连接主控板与读卡器、显示屏等	
11	电能表通信线	连接主控板与单相电表	
12	主控板插头	主控板插接器，直插型。用小型平口螺丝刀压下黄色解锁按键，则能取出导线端子	
13	单相断路器	导轨型1P+N型单相漏电保护器，零火线不可颠倒	

续表

序号	配件名称	配件简介	图片
14	浪涌保护器	导轨型防浪涌保护器，零线、火线及 PE 线应按照标识连接，指示窗应为绿色	
15	智能电表	导轨型单相电表，带通信和显示功能，能将电流及电量数据传输至主控板	
16	交流接触器	导轨型 220 V 交流接触器，40 A 双常开触点。A1、A2 为接触器线圈，1—2，3—4 为一对常开触点	
17	FZ 辅助电源	导轨型开关电源，将 220 V 交流转为 5 V 直流，为主控板、显示屏、LED 灯板、读卡器等供电	
18	主控模块	主控板，为充电桩主控制器，接收各种控制信息，控制交流接触器通断	
19	辅助继电器模块	继电器模块，接收主控板信息，接通和断开交流接触器	

续表

序号	配件名称	配件简介	图片
20	限位卡	C45 导轨固定限位	
21	LED 灯板	LED 灯，不同颜色用于指示充电桩状态	
22	LCD 显示屏	触控显示屏，用于显示充电桩各种信息，触摸屏可以设置充电桩参数	
23	读卡器	读卡器，读取充电电卡 IC 信息，用于激活充电桩、计费等	
24	配套工具（冷压端子钳选配）	配套工具（冷压端子钳选配）	
25	配套工具（剥线钳选配）	配套工具（剥线钳选配）	
26	配套工具（冷压端子钳选配）	配套工具（冷压端子钳选配）	

续表

序号	配件名称	配件简介	图片
27	绝缘配套工具选配	绝缘配套工具选配	
28	冷压端子套装选配	冷压端子套装选配	

1. 设备的安装方法

设备装配步骤如下。

1）显示屏安装

（1）选择 LCD 显示屏，如图 12-3 所示。

检查任务：显示屏外观、接口完整，屏幕无损伤。

（2）将显示屏装入框内，并用手扶稳，防止掉落，如图 12-4 所示。

图 12-3　LCD 显示屏

图 12-4　将显示屏装入框内

（3）选择显示屏安装螺丝，如图 12-5 所示。

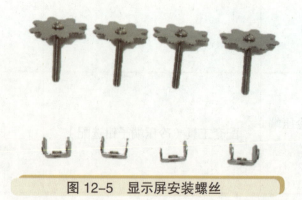

图 12-5　显示屏安装螺丝

选取显示屏固定螺栓及卡扣,将显示屏固定在充电桩桩体上。

(4)放入卡扣,并将螺丝锁紧。初步紧固后,用螺丝刀稍微紧固固定螺钉,防止松动,如图12-6所示。

图 12-6　固定螺钉

2)LED 灯板安装

(1)选择 LED 灯板,如图 12-7 所示。

检查任务:检查灯板的灯珠是否完整,印制线路是否完好,海绵隔垫是否完备。

(2)将 LED 灯板安装在固定支架上,如图 12-8 所示。

图 12-7　LED 灯板　　　　图 12-8　将 LED 灯板安装在固定支架上

(3)选择 LED 灯板固定螺丝,如图 12-9 所示。

(4)锁紧固定螺丝,如图 12-10 所示。

图 12-9　LED 灯板固定螺丝　　　　图 12-10　锁紧固定螺丝

3)读卡器安装

(1)选择读卡器模块,如图12-11所示。

图12-11 读卡器模块

(2)将读卡器安装在固定支架上,如图12-12所示。

(3)锁紧固定螺丝,如图12-13所示。

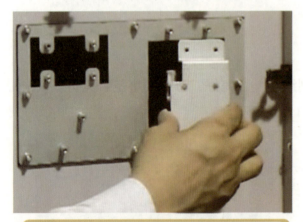

图12-12 将读卡器安装在固定支架上

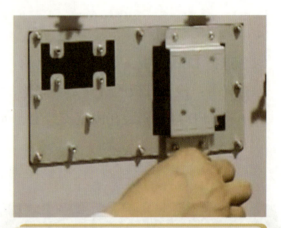

图12-13 锁紧固定螺丝

4)急停开关安装

(1)选择急停开关模块,如图12-14所示。

图12-14 急停开关模块

（2）将急停开关模块插入急停按钮后端，如图 12-15 所示。

图 12-15　将急停开关模块插入急停按钮后端

5）门禁开关安装

（1）选择门禁开关模块，如图 12-16 所示。

（2）将门禁开关模块安装在固定支架上，如图 12-17 所示。

图 12-16　门禁开关模块　　　　图 12-17　将门禁开关模块安装在固定支架上

（3）选择门禁开关模块固定螺丝，如图 12-18 所示。

（4）锁紧固定螺丝，如图 12-19 所示。

图 12-18　门禁开关模块固定螺丝　　　　图 12-19　锁紧固定螺丝

6）限位卡和线排安装

（1）选择限位卡，如图12-20所示。

（2）将限位卡安装在配件固定轨道上，如图12-21所示。

图12-20 限位卡

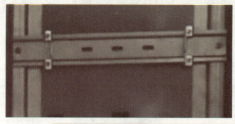

图12-21 将限位卡安装在配件固定轨道上

（3）安装线排。

①选择线排，如图12-22所示。

②将线排安装在配件固定轨道上，如图12-23所示。

图12-22 线排

图12-23 将线排安装在配件固定轨道上

7）辅助电源模块安装

（1）选择辅助电源模块，如图12-24所示。

（2）将辅助电源模块安装在固定支架上，如图12-25所示。

图12-24 辅助电源模块

图12-25 将辅助电源模块安装在固定支架上

（3）将固定卡向上推动进行锁止，并检查锁止状态，如图12-26所示。

图12-26 锁止固定卡

8）主控模块安装

（1）选择主控模块，如图12-27所示。

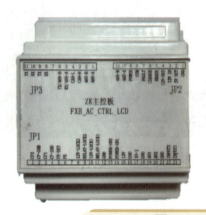

图12-27 主控模块

（2）将主控模块安装在固定支架上，如图12-28所示。

（3）将固定卡向上推动进行锁止，并检查锁止状态，如图12-29所示。

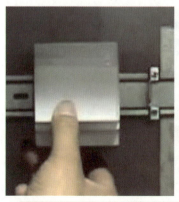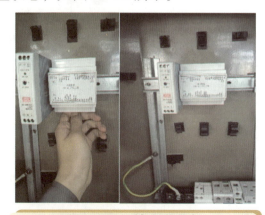

图12-28 将主控模块安装在固定支架上　　图12-29 锁止固定卡

9）辅助继电器模块安装

（1）选择辅助电器模块，如图12-30所示。

（2）将辅助继电器模块安装在固定支架上，如图12-31所示。

图12-30 辅助继电器模块

图12-31 将辅助继电器模块安装在固定支架上

（3）将固定卡向上推动进行锁止，并检查锁止状态，如图12-32所示。

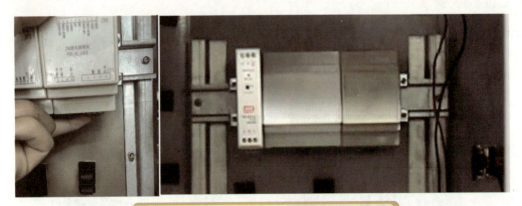

图12-32 锁止固定卡

10）单相断路器安装

（1）选择单相断路器模块，如图12-33所示。

图12-33 单相断路器模块

（2）将单相断路器模块安装在固定支架上，如图12-34所示。

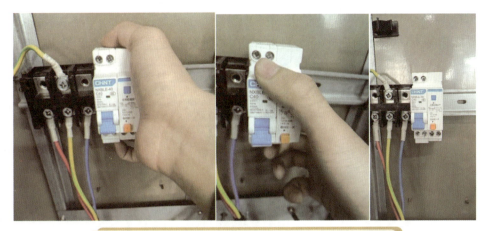

图12-34 将单相断路器模块安装在固定支架上

11）浪涌保护器安装

（1）选择浪涌保护器模块，如图12-35所示。

（2）将浪涌保护器模块安装在固定支架上，如图12-36所示。

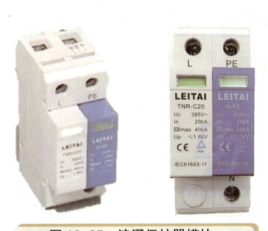

图12-35 浪涌保护器模块

图12-36 将浪涌保护器模块安装在固定支架上

（3）按压浪涌保护器模块并检查锁止状态，如图12-37所示。

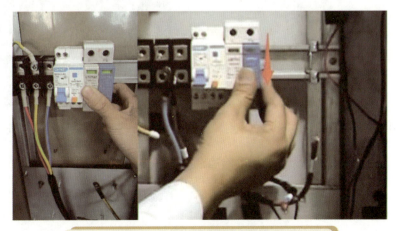

图12-37 检查锁止状态

12）智能电表安装

(1) 选择智能电表模块，如图 12-38 所示。

(2) 将智能电表模块安装在固定支架上，并检查安装是否牢固，如图 12-39 所示。

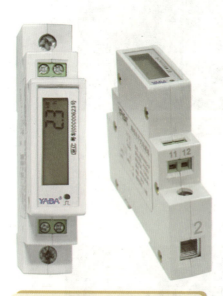

图 12-38 智能电表模块

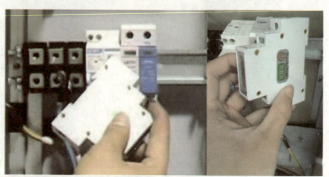

图 12-39 将智能电表模块安装在固定支架上并检查牢固度

13）交流接触器模块安装

(1) 选择交流接触器模块，如图 12-40 所示。

(2) 将交流接触器模块安装在固定支架上，如图 12-41 所示。

图 12-40 交流接触器模块

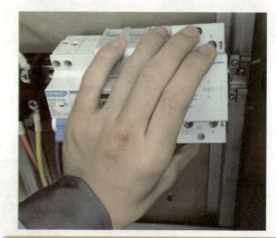

图 12-41 将交流接触器模块安装在固定支架上

(3) 将固定卡向上推动进行锁止，并检查锁止状态，如图 12-42 所示。检查充电桩元件全景是否安装齐全、固定可靠。

图 12-42　锁止固定卡

2. 充电桩接线

1）线排接线方法

（1）选用线排螺丝，如图 12-43 所示。

图 12-43　线排螺丝

（2）安装交流 220 V 输入电缆线，其步骤如表 12-2 所示。

表 12-2　安装交流 220 V 输入电缆线步骤

步骤	示意图
PE 安装	

续表

步骤	示意图
N 线安装	
L 线安装	

2）机箱 PE 安装

（1）线排 PE 安装，如图 12-44 所示。

图 12-44　紧固箱体端螺丝

（2）箱体 PE 安装。

①选择 PE 线束，将 PE 线束和充电枪 PE 线同时固定在机箱 PE 接线螺柱上，如图 12-45 所示。

②将 PE 线束从底部穿出，主线接入防雷器，另两根备用线接入主控盒，如图 12-46 所示。

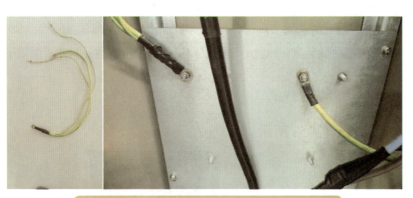

图 12-45　固定 PE 线束和充电枪 PE 线

图 12-46　完成 PE 安装

3）单相断路器输入线安装

单相断路器输入线的安装如图 12-47~图 12-53 所示。

图 12-47　选择 N 线线材

图 12-48　将线材安装在线排上

图 12-49　接入断路器外侧 N 端子

图 12-50　紧固并锁紧线端子

图 12-51 选择圆头 L 线

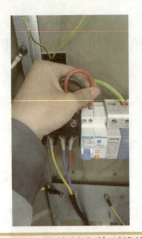

图 12-52 将线材安装到线排上

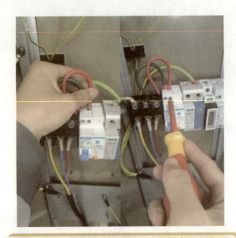

图 12-53 接入断路器 L 端并紧固端子

4）高压线束安装

（1）L 线线束的安装，如图 12-54~图 12-58 所示。

图 12-54 选择断路器 L 线输出线束

图 12-55 将线束公共端接入断路器

图 12-56 将短线接入智能电表

图12-57　将线束从背面穿出，接入浪涌保护器L端子和辅助电源L端子

图12-58　选择跨接线将电表2号接口和交流接触器1号接口跨接

（2）N线线束的安装，如图12-59~图12-63所示。

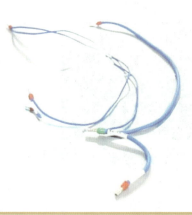

图12-59　选择N线线束　　　　　图12-60　将公共端接入N线

图 12-61　将短线接入浪涌保护器 N 端子

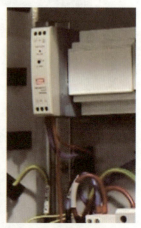

图 12-62　将 N 线从底部向上穿出，并接入交流接触器、辅助电源

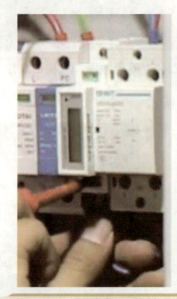

图 12-63　将底部 N 线接入电表 4 号端子和交流接触器 A2 端子

5）充电枪线束安装

将 N 线接入交流接触器 4 号端子，将 L 线接入 2 号端子，如图 12-64 所示。

图 12-64 充电枪线束的安装

6）低压控制线束的选配与安装

（1）LED 灯板线束的安装，如图 12-65 所示。

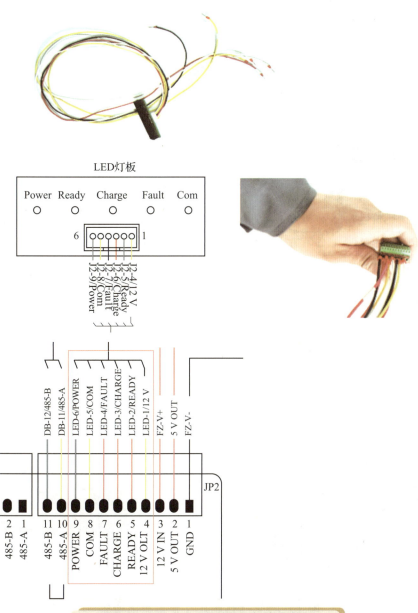

图 12-65 LED 灯板线束的安装

按连线图或线材图将 LED 灯板连接线连接到主控板 JP2 端子相对应的孔位中。

（2）电能表通信线的安装，如图 12-66 所示。

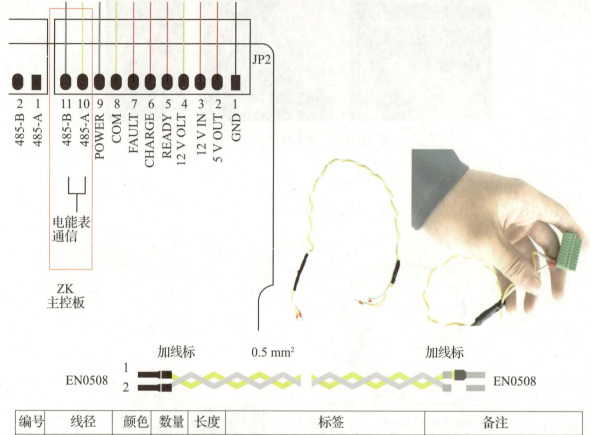

编号	线径	颜色	数量	长度	标签		备注
1	0.5 mm²	黄色	1	670	JP2-10	DB-11	主控JP2-10-电能表-11
2	0.5 mm²	白色	1	670	JP2-11	DB-12	主控JP2-11-电能表-12

图 12-66　电能表通信线的安装

将双绞线黄色线插入主控制器 JP2-10 孔位中，将白色线插入主控制器 JP2-11 孔位中。图 12-67 为 LED 灯板 + 电能表通信线。

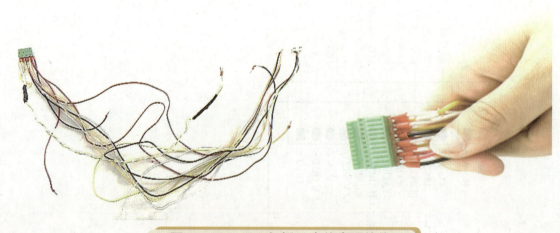

图 12-67　LED 灯板 + 电能表通信线

（3）读卡器电源线的安装，如图 12-68 所示。

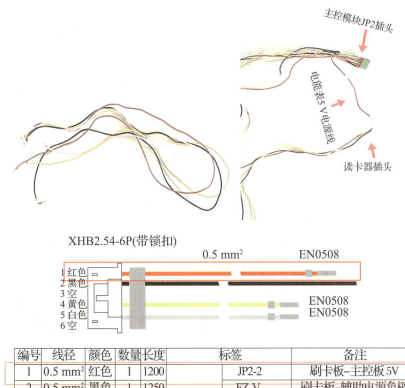

编号	线径	颜色	数量	长度	标签		备注
1	0.5 mm²	红色	1	1200	RFID	JP2-2	刷卡板–主控板 5V
2	0.5 mm²	黑色	1	1250		FZ-V-	刷卡板–辅助电源负极
3	0.5 mm²	黄色	1	1150		JP3-10	刷卡板–主控板JP3-10
4	0.5 mm²	白色	1	1150		JP3-11	刷卡板–主控板JP3-11

编号	线径	颜色	数量	长度	标签	备注
1	0.5 mm²	黑色	1	490	JP2-1　FZ-V-	控制板电源

编号	线径	颜色	数量	长度	标签		备注
1	0.5 mm²	黑色	1	900	LCD-GND	FZ-V-	LCD-辅助电源负极
2	0.5 mm²	白色	1	950	LCD-TX	JP3-8	LCD-主控-JP3-8
3	0.5 mm²	黄色	1	950	LCD-RX	JP3-9	LCD-主控-JP3-9
4	0.5 mm²	红色	1	900	LCD-VIN	FZ-V+	LCD-辅助电源12 V

图 12-68　读卡器电源线的安装

将读卡器 1 号端子线插入主控模块 JP2-2 孔位中。

（4）主控板 12 V 电源、接地线的安装，如图 12-69~图 12-70 所示。

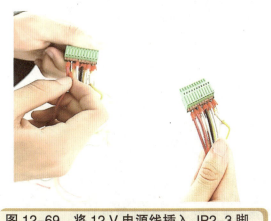

图 12-69　将 12 V 电源线插入 JP2-3 脚

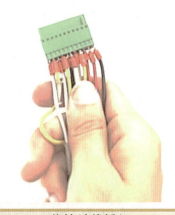

图 12-70　将接地线插入 JP2-1 脚

（5）辅助继电器模块电源线的安装，如图12-71~图12-72所示。

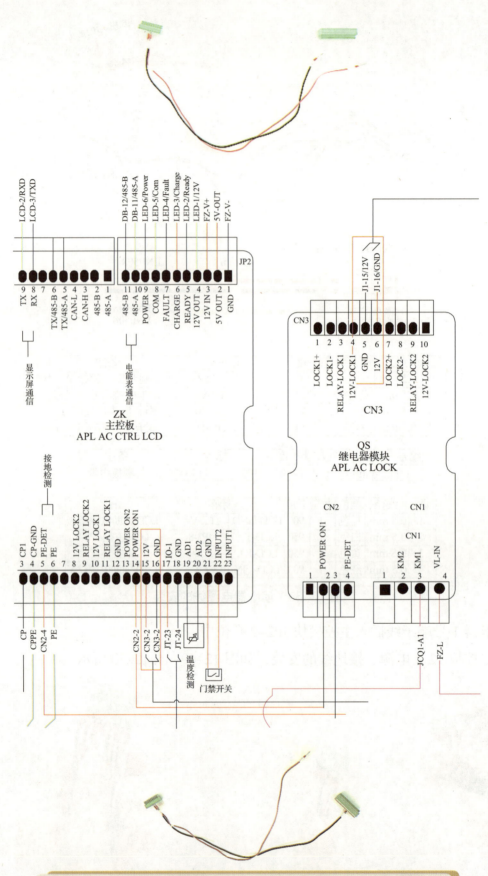

图12-71 将辅助继电器模块CN3-5接入主控板JP1-16（黑色）

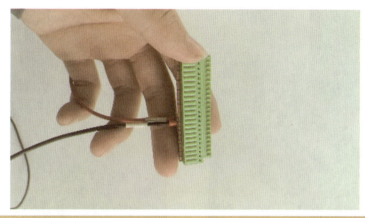

图 12-72 将辅助继电器模块 CN3-6 接入主控板 JP1-15（红色）

（6）辅助继电器模块交流输入、输出线的安装，如图 12-73~图 12-75 所示。

图 12-73 将辅助继电器插入 CN2 插头

图 12-74 将辅助电源 L 线插入辅助继电器 CN1 插头

图 12-75 将 CN1-3 另一端接入交流接触器 A1 端子

（7）辅助继电器 CN3 和主控制器 JP1 插头及线束的安装，如图 12-76~图 12-86 所示。

图 12-76 安装辅助继电器 CN3 插头

图 12-77 将 CP 线插入主控板 JP1-3 孔位

图 12-78　将两条 PE 线分别插入 JP1-3 和 JP1-4 孔位

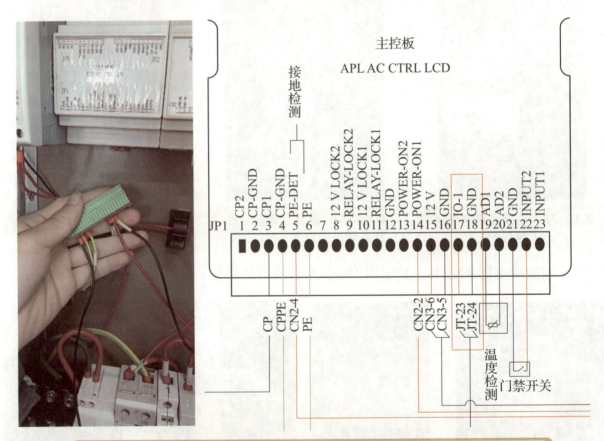

图 12-79　将急停开关黑线插入主控板 JP1-18 孔，红线插入主控板 JP1-17 孔

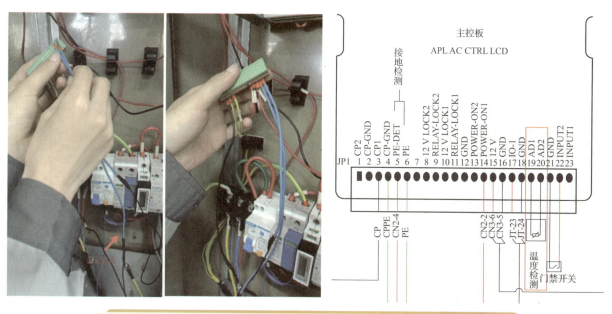

图 12-80　将温度传感器导线插入主控板 JP1-19 和 JP1-20 孔位

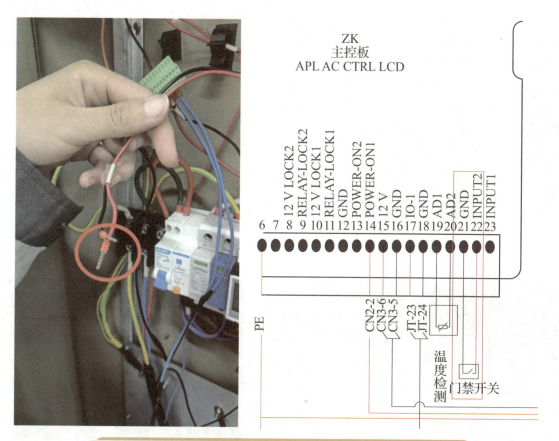

图 12-81　将门禁开关线插入主控板 JP1-21 和 JP1-22 孔位

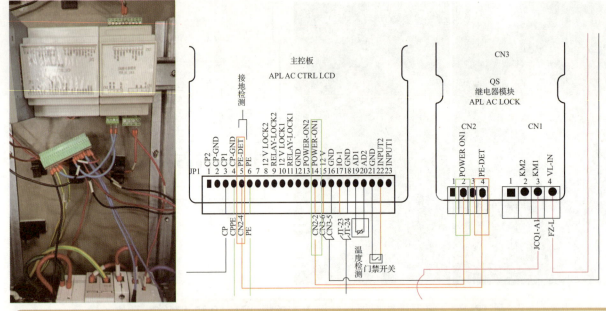

图 12-82　将辅助继电器插头 CN2-2 插入主控板 JP1-14，将辅助继电器插头 CN2-4 插入主控板 JP1-5

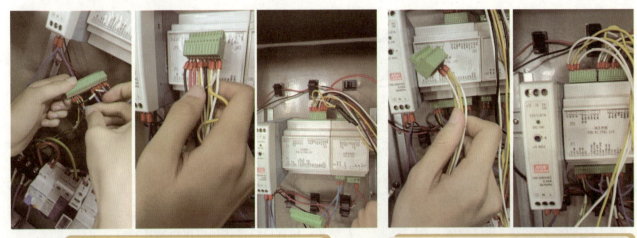

图 12-83　安装主控板 JP2 线束插头　　　　图 12-84　安装主控板 JP3 线束插头

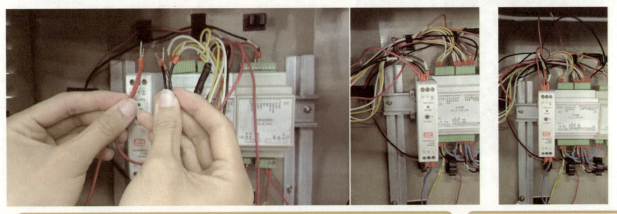

图 12-85　安装辅助电源线（将黑线接入辅助电源 12 V-，红线接入 12 V+）　　图 12-86　完成效果图

（8）面板线束的安装，如图12-87、图12-88所示。

图12-87　安装灯板线束并将灯板线束插入灯板

图12-88　安装显示器线束插头并整理线束

（9）电能表线束的安装，如图12-89~图12-90所示。

图12-89　安装电能表通信线

图12-90　白色线接电能表12脚，黄色线接11脚

任务十三

充电桩的线路连接检查

（1）检查PE输入端与机柜门和柜体的导通性，如图13-1~图13-2所示。

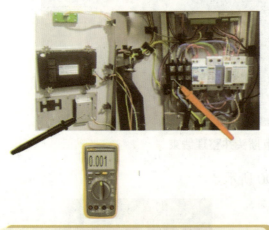

图13-1　机柜门PE检测

图13-2　机体PE检测

（2）检查PE端与L/N线之间是否存在短接，如图13-3所示。

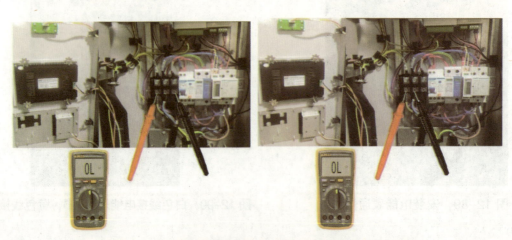

图13-3　检查PE端与L/N线之间是否存在短接

（3）检查 L 线和 N 线之间是否存在短路，如图 13-4 所示。

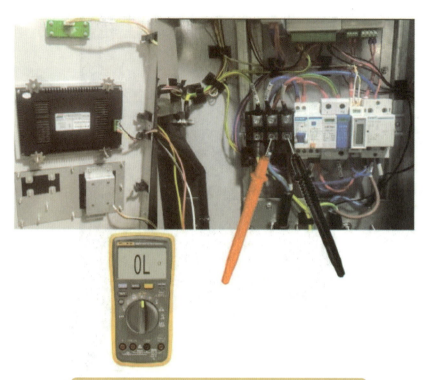

图 13-4　检查 L 线和 N 线之间是否存在短路

（4）检查 N 线连接是否正确，如图 13-5 所示。

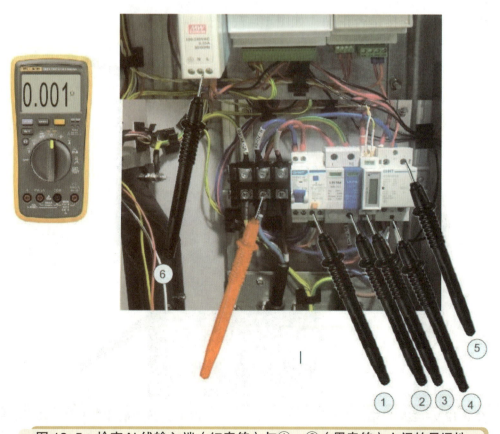

图 13-5　检查 N 线输入端（红表笔）与①~⑥（黑表笔）之间的导通性

（5）检查 L 线连接是否正确，如图 13-6 所示。

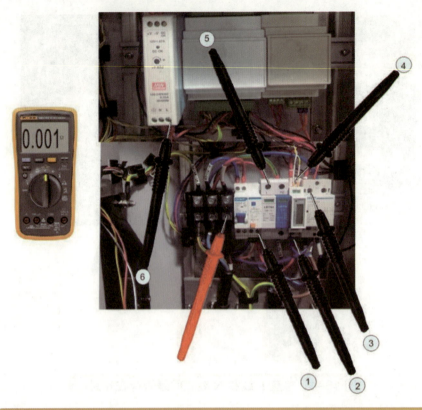

图 13-6　检查 L 线输入端（红表笔）与①～⑥（黑表笔）之间的导通性

（6）检查低压电源连接是否正确，如图 13-7、图 13-8 所示。

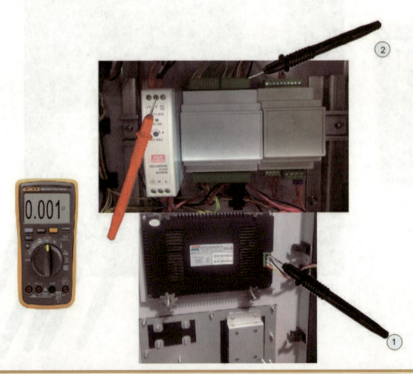

图 13-7　检查 12 V- 线输出端（红表笔）与① JP2-1、②显示屏 G 管脚（黑表笔）之间的导通性

图 13-8　检查 12 V+ 线输出端（红表笔）与①JP2-3、②显示屏 V 管脚（黑表笔）之间的导通性

任务十四

充电桩的调试与设置

一、系统初始化设置

（1）电动汽车与充电桩正确上电连接后，充电桩面板指示灯会全部点亮，如图14-1（a）所示，此时充电桩控制板进行自检，自检通过后只有电源指示灯点亮，如图14-1（b）所示。

图14-1　充电桩通电检查及自检

（2）充电桩上电成功后，会出现默认欢迎使用界面，此时表示充电桩可以使用，显示屏显示"充电请插枪"，其提示界面如图14-2所示。（以单枪为例，双枪充电流程类似单枪）

图14-2　提示界面

（3）如果充电桩检测到充电枪连接好了，充电桩将进行充电准备工作，进入充电启动方式选择界面，如图14-3所示。

手机端用户请用相应APP/微信或支付宝扫描对应二维码，在手机上根据提示完成充电流程。刷卡用户请单击"刷卡启动"图标进入下一步。

（4）刷卡用户单击"刷卡启动"图标后进入充电模式选择界面，如图14-4所示。

图14-3 充电启动方式选择界面

图14-4 充电模式选择界面

（5）根据页面提示选择所需要的充电模式。

自动充满模式：将按自动充电方式进行充电，该充电方式下如果没有人为中止充电，则会在电池充满后自动停止充电。

电量模式：进入电量模式设置界面后（见图14-5），请单击输入栏空白处，手动设置充电电量，充电桩将按照用户设置的电量开启充电，充至设定电量后则自动跳转到结束充电页面。

时间模式：进入时间模式设置界面后（见图14-6）请单击输入栏空白处，手动设置充电时长，充电桩将按照用户设置的充电时长开启充电，充至设定时长后则自动跳转到结束充电页面。

图14-5 电量模式设置界面

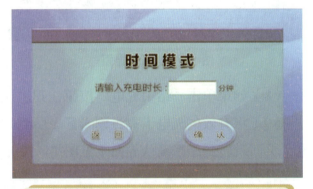

图14-6 时间模式设置界面

金额模式：进入金额模式设置界面后（见图14-7）请单击输入栏空白处，手动设置充电金额，充电桩将按照用户设置的充电金额开启充电，充至设定金额后则自动跳转到结束充电页面。

（6）启动模式。充电模式选定后可选择即时充电或者预约充电。其中，即时充电会马上开始充电。

预约充电：进入预约充电设置界面后（见图14-8）请单击输入栏空白处，手动设置预约充电开始时间，则到达用户设置的时间后，充电桩开启充电，充满则自动跳转到结束充电页面。本机设定充电预约时间的输入范围为：00：00—23：59，超出范围则输入无效。

图14-7 金额模式设置界面

图14-8 预约充电设置界面

（7）选定即时充电或者预约充电设置完成后进入刷卡界面，如图14-9所示。

系统将按照设置好的充电模式开始充电，如果系统未出现故障，也没有人为中止充电，则充至用户设置的参数后自动停止充电。在所有充电模式设置下，到达电池充满后自动停止充电。单击"返回"按钮，将回到模式选择界面。

将有效的充电卡靠近刷卡区，听到"滴"的一声后刷卡成功，系统便启动充电，页面跳转到"充电中"信息显示界面（见图14-10），实时显示充电中信息。

图14-9 刷卡界面

图14-10 "充电中"信息显示界面

（8）如果单击"结束充电"按钮，则进入刷卡结束充电界面，如图14-11所示。

（9）将有效的充电卡靠近刷卡区，听到"滴"的一声后刷卡成功，系统便停止并结算充电，页面跳转到结账确认界面（见图14-12），实时显示此次充电的结算信息。

图14-11 刷卡结束充电界面

图14-12 结账确认界面

单击"确认"按钮后，系统返回开始界面。

（10）用户若要对充电桩进行维护及相关信息查询，请单击欢迎界面左上角区域，将进入维护界面（见图14-13），在维护界面可进行参数设置、信息查询、记录清除、桩体信息、联系方式、使用说明等信息查询。

（11）选择"参数设置"，输入密码后能进入参数设置界面，如图14-14所示。

图14-13 维护界面

图14-14 输入密码

输入默认的"666666"管理员密码，充电桩会进入参数设置界面，如图14-15所示。

进入参数设置界面后，可进行费率设置、密码设置、时段设置、系统设置、时钟设置、保护设置、通信设置、恢复默认等操作。

费率设置：可设置4种费率金额和服务费率，如图14-16所示。

图14-15 参数设置界面

图14-16 费率设置界面

密码设置：管理员可设置更换密码，输入出厂原始密码"666666"，再设置新密码（见图14-17）。本机设定密码为6位数字，超出范围则输入无效。然后单击"确认"按钮保存。

时段设置：12个时间段和对应费率金额，时间段定义为该时段开始至下一时段开始的时间段（见图14-18）。本机设定各时段的输入范围为当天24小时内，超出范围则输入无效。然后单击"确认"按钮保存。

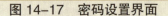

图 14-17 密码设置界面

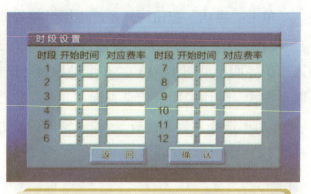

图 14-18 时段设置界面

系统设置：设置充电桩的充电枪数量、输入电压等参数，如图 14-19 所示。请勿随意更改，否则会导致充电桩故障，使其不能正常使用。

时钟设置：可以更改屏幕当前时间，其设置界面如图 14-20 所示。出厂前时间均有校准，请勿随意更改，否则可能导致系统功能异常。

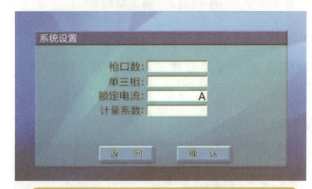

图 14-19 系统设置界面

图 14-20 时间设置界面

保护设置：可以设置充电桩过压、欠压、过流等数据，如图 14-21 所示。

通信设置：可设置充电桩的通信参数，如图 14-22 所示。

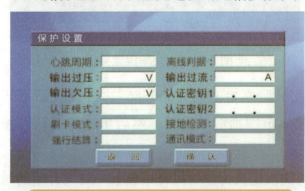

图 14-21 保护设置界面

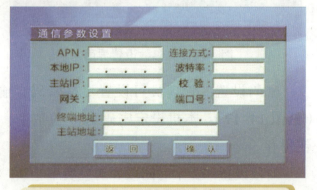

图 14-22 通信参数设置界面

恢复默认：所有设置信息均恢复到出厂状态（充电记录不会清除），如图 14-23 所示。

图 14-23　恢复默认界面

（12）单击"信息查询"，可以查询充电桩的告警记录、充电记录、未结算记录、补扣费记录的信息，其界面如图 14-24 所示。

单击"记录清除"，可以清除充电桩的告警记录、充电记录、未结算记录、补扣费记录等信息。一旦清除则不可恢复。单击"桩体信息"，可以查看充电桩的软件版本、硬件版本、显示屏版本等信息，如图 14-25 所示。

图 14-24　信息查询界面

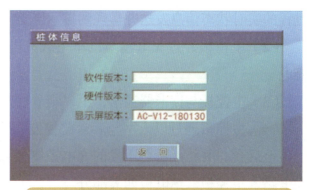

图 14-25　桩体信息界面

二、负载测试

（1）插入充电枪，如图 14-26 所示。

（2）打开负载箱电源开关，如图 14-27 所示。

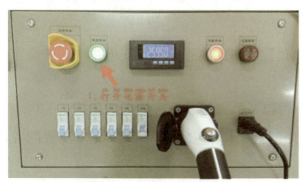

图 14-26　插入充电枪

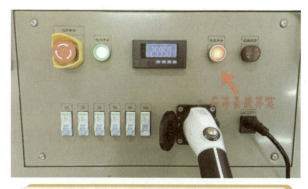

图 14-27　打开负载箱电源开关

（3）打开负载开关。

（4）刷卡启动充电桩。

（5）调节负载测试箱负载挡位 1~32 A。

（6）以最大电流持续运行 5~10 min。

（7）刷卡结束充电，断开充电桩电源和负载箱电源。

三、充电设备装配与调试智能实训台控制原理解析

充电桩没有转换模块，它不需要将三相交流输入高压电转换为直流电，而是直接向汽车输入交流电，由汽车的车载充电机完成交直流的转换。

充电桩的控制是以主控板为中心，分别与交流电能表、其他辅助模块通信进行信息交互，通过继电器执行开关动作和回检，通过传感器完成充电状态的实时测量。

（1）主控板与触摸屏 LCD 通信，接收来自用户的操作指令和参数配置指令，并将充电过程的实时状态信息发送并呈现到显示屏上。

（2）主控板经过充电枪与汽车车载充电机进行通信，获得汽车充电的参数配置后开始充电。

（3）主控板与读卡器通信，用户刷卡后，充电桩可以以无线方式读取用户账号信息。

（4）主控板通过以太网与后台监控器/服务器通信，将用户账号、账单以及充电桩状态上传至后台，并接收后台下发的充电控制信息。从电路上来看，充电桩可以分成主电路、辅助电路、主控板、继电板四大部分。

主电路：指高压输入、输出的主通路以及相关的低压控制电路。

辅助电路：指刷卡、显示、电能表计费、远程联网等与高压电路没有直接关联的电路。

主控板：是整个充电桩的控制核心，主电路、辅助电路和继电板都参与使用。

继电板：与主控板通信，完成主控板的指示命令。

1. 实训课程工作页 1：充电控制

1）学习目标

本课程的学习目标为通过控制充电桩的充电过程，借此熟悉充电桩充电主电路的高压部件、高压线路和低压控制原理。

（1）了解充电控制电路的工作原理、主要部件以及物理位置、相关线路和控制机制。

（2）学会使用手动方式对负载进行充电，并配置各种充电参数，观测充电过程的各种状态。

（3）学会测量充电控制电路各部件、线路的电气特性。

（4）会定位和解决充电控制电路的常见故障。

2）工作原理

主电路的工作流程如下：

（1）单相电通过接线铜排接入，空气开关通电，12 V 开关电源提供给主控板通电工作，单相交流电流过交流电能表以及交流接触器，充电枪与汽车的车载充电机握手成功后开始获取充电参数，充电枪上电完成。

（2）主控板通过充电枪与汽车的车载充电机获得充电参数以及充电开始后，交流电能表显示充电电压与电流，并实时获取充电数据，通过 RS485 发送至主控板，显示屏通过 RS485 从主控板获得充电数据后显示在屏幕中。

（3）刷卡结算结束充电后，主控板控制交流接触器断开，完成充电。

2. 实训课程工作页 2：充电界面

1）学习目标

（1）了解交流充电界面的物理构成以及导引电路的工作原理、相关部件和线路。

（2）了解充电桩和汽车慢充接口通信原理以及充电桩的状态变化。

（3）学会测量充电界面电路各部件、线路的电气特性参数。

（4）学会定位和解决充电界面电路的常见故障。

2）工作原理

GB 20234.2 中规定的充电界面如图 14-28 所示，为 7 针界面，针头的具体功能如下所述：

CC—负责充电连接确认；

CP—负责控制导引；

PE—保护接地，连接设备地线和车辆充电平台。

交流充电桩充电接口内部接线电路，如图 14-29 所示。充电桩通过 N（零线）、L（火线）给电动汽车动力电池提供交流供电。

充电枪与车辆接口连接后，供电控制装置通过测量如图 14-29 所示的检测点 1 的电压值判断供电插头与插座是否已连接。与此同时电动汽车车辆控制装置也通过测量检测点 3 与 PE 间的电阻值来判断车辆端是否已连接。在完成连接状态检测后，消费者才可以对充电设备进行操作。

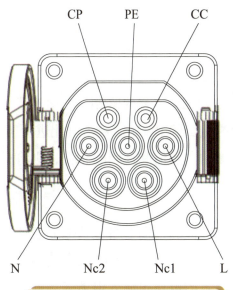

图 14-28 交流充电界面

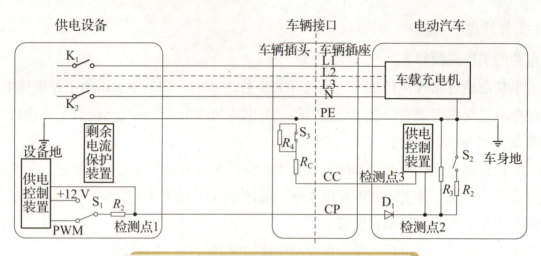

图 14-29 交流充电桩充电接口内部接线电路

消费者启动充电，在供电设备无故障和供电接口已连接的情况下，开关 S_1 会从 +12 V 挡位切换至 PWM 波输出挡位，供电控制装置就会发出 PWM 信号。这时，供电侧可以通过测量检测点 1 的电压值来判断充电连接状态。车辆控制装置则需要通过测量检测点 2 的 PWM 信号来判断充电连接装置的连接状态。在车载充电机运行正常并且电池处于可充电状态时，车辆侧闭合开关 S_2。供电控制装置通过再次测量检测点 1 的电压值来判断车辆是否准备就绪。当检测点 1 的峰值电压满足设定状态对应的电压值时，则供电控制装置闭合接触器 K，交流供电回路导通，车载充电机获得电力供应后开始向电池充电。由以上工作过程分析控制导引电路在工作中实现的功能如下：

（1）充电线路连接状态的判断。在充电接口的 7 个针脚中，CP 针最短，当 CP 针与对应的插座孔连接后，表明 7 个针脚都已连接，这可以通过测量检测点 1 的电压变化来判断。供电控制装置依据这些电压值来判断连接情况，以控制开关 K 的动作。

（2）充电连接载流能力和供电功率的识别。交流充电额定电流分为 16 A 和 32 A 两个等级，通过测量电阻 R_C 的值，车辆装置就可以确定电缆的承载电流。同时车载充电机通过测量检测点 2 的 PWM 信号占空比即可确定当前供电设备的最大供电电流。

（3）充电过程的监测。充电过程中，车辆控制装置可以对检测点 3 与 PE 之间的电阻值及检测点 2 的 PWM 信号占空比进行监测，供电控制装置可以对检测点 1 的电压值进行监测。如检测的电压值和预期的相符，则将开关 K 闭合。

3. 实训课程工作页 3：辅助电路

充电桩的辅助电路包括电能表计费、显示屏、刷卡和联网等功能。

（1）电能表计费：电能表使用交流互感器检测输入的单相电流，并输入电能表；将单相交流输入的电压也输入电能表；电能表同时检测单相交流电压和电流，计算出功率，并使用 RS485 接口与主控板通信，告知主控板充电桩消耗的电量。

（2）显示屏为触摸显示屏 LCD，通过显示屏用户可以进行输入操作，同时显示屏也同步显示充电桩的当前状态。显示屏通过 RS485 总线与主控板通信。显示屏的 RS485 和电能表的 RS485 接口在同一个 RS485 总线上。

（3）刷卡单元使用 RFID 与用户卡进行交互，频率是 13.56 MHz。刷卡信息由读卡器读取，然后通过 RS232 串行接口与主控板通信。

四、接线图及端子定义

见附件：充电桩电路总图。

五、常见故障的检测与排除

常见故障的检测与排除见表 14-1。

表 14-1 常见故障的检测与排除

故障现象	原因分析及排除方法
插充电枪后无反应	充电枪未插到位，重新插入
	车辆已充满，无须处理
	车辆 ACC 钥匙电未关闭或开启（不同车型有所区别），请关闭点火开关
开启充电后无电流	拔充电枪后重新启动充电
	连续插充电枪的间隔时间太短，拔出充电枪后间隔一段时间再插入
急停按下报警	释放急停开关
无法刷卡或刷卡不灵	用卡对齐刷卡器读卡区域，重新再次刷卡
	充电卡损坏，更换充电卡
后台通信故障	网络故障
	电话卡流量不足或欠费
输入过压/欠压	电网电压异常或参数设置错误，请检查交流输入侧的电压是否过高或过低
	请检查参数设置界面设置的阈值是否正确
输出过流	输出电流异常或参数设置错误，请检查输出的电流是否在参数设置的范围内，如果不是，请检查输出电流是否过高
注意：经上述处理后若故障现象仍然存在，请与我公司技术部售后服务人员联系！	

参考文献

［1］深圳风向标教育资源股份有限公司．充电设备装配与调试作业指导手册．

［2］国家电网公司，中国电力企业联合会，南京南瑞集团公司，中国汽车技术研究中心．GB/T 18487.1—2015，电动汽车传导充电系统第 1 部分：通用要求［S］．

［3］中国汽车技术研究中心，中国电力企业联合会，中国电器科学研究院有限公司．GB/T 20234.1—2015，电动汽车传导充电用连接装置 第 1 部分 通用要求［S］．

［4］中国汽车技术研究中心，国家电网公司，中国电器科学研究院有限公司．GB/T 20234.2—2015，电动汽车传导充电用连接装置 第 2 部分 交流充电接口［S］．

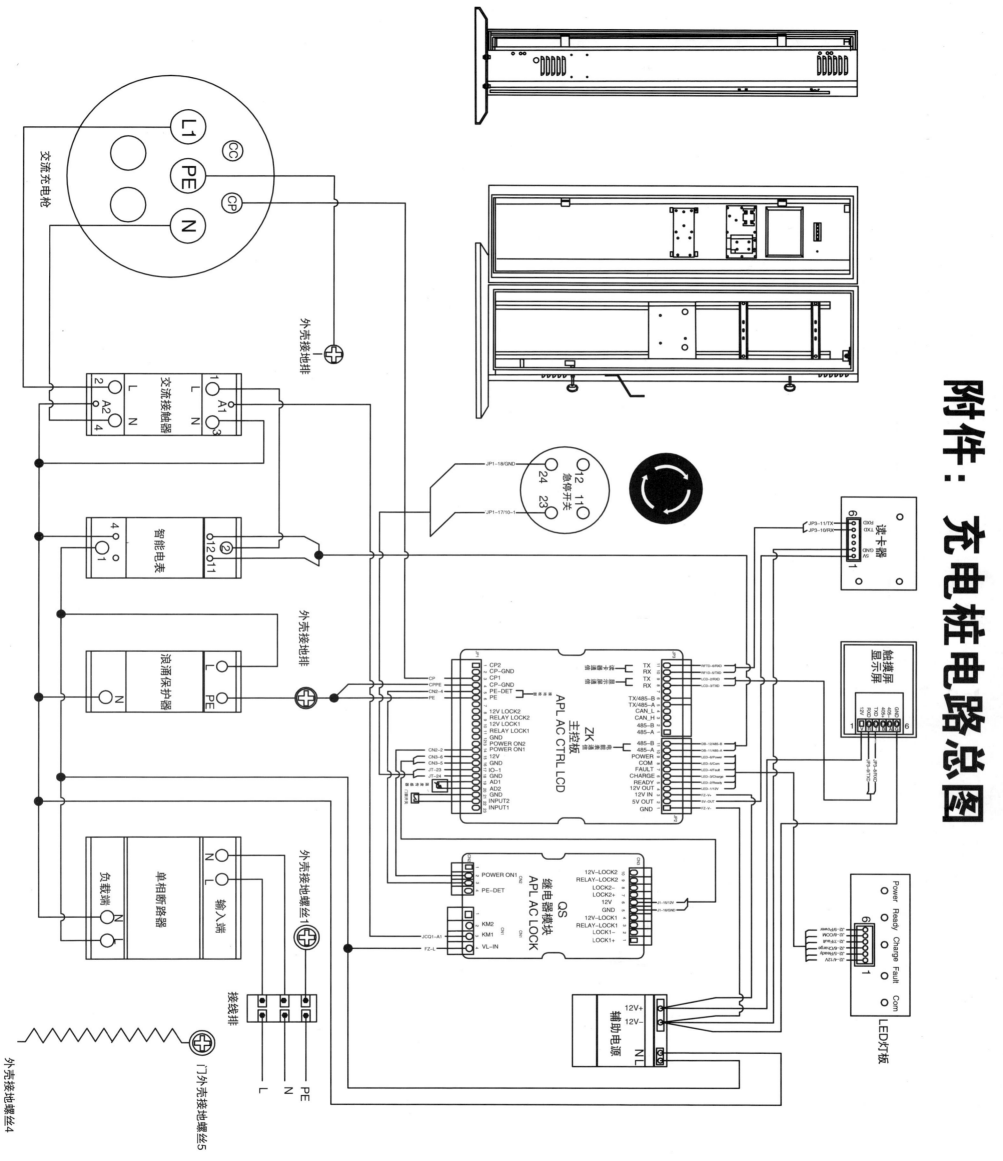

附件：充电桩电路总图

充电设备装配与调试智能实训台连线图